KB272243

위기의 휴머니즘

위기의 휴머니즘

인류의 미래를 찾아서

에리히 프롬 지음

황선길 옮김

21세기문화원

일러두기

1. 이 책은 2025년 dtv Verlagsgesellschaft mbH & Co. KG에서 발행한
   Erich Fromm의 *Humanismus in Krisenzeiten: Texte zur Zukunft
   der Menschheit*를 번역한 것이다.
2. 맞춤법과 표기법은 국립국어원의 어문 규범에 따랐다. 다만 외래어는
   원음을 중시하거나 예전에 나온 최초 표기를 따른 경우도 있다.
3. 돌소리 이혜정 작가님께서 표지와 본문 이미지를 특별 제작해 주셨다.

차 례

엮은이 서문

새로운 휴머니즘을 발전시키지 않는 한,
하나의 세계는 **존재할 수** 없을 것이다.
_에리히 프롬, 1962

미디어의 존재가 항상 사람들을 진정으로 움직이는 것이 무엇인지, 그리고 그들이 정신적이고 영적으로 무엇에 관심이 있는지를 반영하는 것은 아니다. 이것은 미디어에 존재하는 에리히 프롬의 사상과 저서에도 해당된다. 즉 미디어계에서는 125년 전에 태어나 45년 전에 사망한 사회심리학자이자 휴머니스트인 에리히 프롬은 거의 주목을 받지 못하고 있다.

그럼에도 그의 저서들은 표면적으로는 미디어에서—전 세계
적으로나 독일어권에서도——계속해서 구매되고 읽히며 토론
되고 있다. 나아가 학계에서는 그의 사상을 재조명하는 '글로
벌 르네상스' 현상까지 일어나고 있다.

에리히 프롬 저서의 현대적 의미 Aktualität

분명한 것은, 에리히 프롬과 같은 작가의 현대적 의미와 그
중요성은 미디어에서의 존재감으로는 설명될 수 없다는 사
실이다. 오히려 프롬 저서의 현대적 의미는 오늘날 사람들이
마음속 깊이 느끼는 것과 관련이 있어야 한다. 그리고 그들
이 마음 깊이 느끼는 것은, 이미 수십 년 전에 한 작가가 경험
하고 분석한 것, 그리고 그것이 인간과 사회의 성과에 미치는
영향을 설명한 것과 공감하는 관계여야 한다.

따라서 에리히 프롬의 사상과 저서가 그의 사망 후에도 오랫
동안 여전히 시사적이라는 사실은 다음 두 가지와 관계가 있
다. 즉 작자 자신과 오늘날의 인간들과 관계가 있다. 저자의
공감 능력에 관해서는, 엮은이(라이너 풍크)가 『소유냐 존재냐』
라는 책이 만들어지는 과정에서 프롬의 학문적 동료로서 그
의 공감 능력을 직접 관찰할 수 있었다. 그가 펜으로 종이에

옮겨 쓴 것은 머릿속에서 나온 단순히 추상적이고 지적인 것이 아니라, 특정 문제에 대한 그의 경험과 정서적인 경험에 부합되어야 하는 생각과 통찰력이었다. 생각과 감정이 일치해야 했고, 인지적 통찰도 감정적으로 "조화로워야" 했다. 그런 다음에야 비로소 그는 자기 손에서 원고를 넘겨주었다. 이러한 "존재적" 유형의 학문적 출판은 오늘날 독자들이 그의 글에 공감하는 데 있어 매우 결정적인 것처럼 보인다.

왜 에리히 프롬이 오늘날에도 여전히 시사적인가? 그 또 다른 이유는 그가 박사학위를 취득한 사회학자이자 실천적인 정신분석학자로서 관심을 가졌던 주제와 관련이 있다. 그의 주된 관심사는 한편으로는 인간의 사회성에 관한 것이었다. 즉 무엇이 많은 사람들이 비슷하게 생각하고, 느끼고, 행동하게 만드는가? 사람들이 문화적·사회적·정치적으로 소속감을 느끼고 자신의 삶의 터전을 지키기 위해 어떤 정신적 조건이 주어져야 할까?

다른 한편으로 프롬은, 무엇이 많은 사람들로 하여금 이성과 통찰력에 반하는 행동을 하도록 만드는가에 대한 문제를 제기했다. 프로이트의 정신분석은 개인의 비합리적인 행동과 무의식적인 욕망Strebung을 설명할 수 있었다. 하지만 **많은**

사람들이 생명을 유지시키는 충동을 떨쳐 내려고 애쓰면서도, 환경파괴, 기후위기 그리고 위협적인 사회적 불평등 앞에서 그들을 역기능적이고 비합리적으로 행동하게 하는 만드는 것은 무엇인가? 어떤 경제적·기술적·사회적·정치적 발전이 삶을 사랑하고 보존하려는 많은 사람들의 노력을 무력하게 만드는 데 한몫을 하고 있는가?

위기로 내닫는 현재 상황에 직면하여 점점 더 많은 사려 깊고 걱정하는 사람들이 과학자 에리히 프롬을 사로잡았던 질문과 동일한 질문을 제기하고 있다. 이런 질문이 무엇보다도 세대·민족·문화를 넘어 사람들을 연결하는 **질문**이기 때문에(행운이 따라야만 해답과 연결되지만), 바로 이 호기심 많고, 위협적이기도 하고 두려운 이 질문이 감동을 불러일으키게 한다. 그러므로 프롬 사상의 현대적 의미를 느낄 수 사람들은 무엇보다도 이런 질문을 할 수 있는 사람들이다.

프롬 사상의 오늘날의 의미를 느끼기 위해서 "**질문하는** 사람들"이 필요하다는 이 제약은 오늘날 사회에 퍼져 있는 지배적인 사고방식과 관련이 있다. 즉 프롬이 사회적 성격 또는 사회적 인격이라는 개념으로 파악하고자 했던 일종의 사고 및 감정과 관련이 있다. 오늘날 중요한 것은, 일반적으로 질문이 아니라, 조언, 생활 지원 그리고 (기술적인) 해결책의 형태로 제시되는 답변이다. 의문을 제기하거나 의심스러운 생각이 아니라 의도한 목적을 달성할 수 있는 해결책을 제공하는 긍정적인 사고를 제시해야 한다. 성공 여부는 어떻게 해야 하는지 아는 것에 달려 있다(왜 대부분의 책 제목이 해결책을 약속하고 있는지). 결과와 답변에 대한 이러한 방향성은 문제가 어떻게 발생하는지, 문제 해결 시 어떤 심리적 저항을 고려해야 하는지는 거의 관심을 보이지 않는다.

에리히 프롬의 인간상 Menschenbild

프롬이 질문을 제기하고 그 질문에 답하는 방식을 정확히 살펴보면, 그의 사고의 두 가지 특징이 드러난다. 프롬은 인간을 그의 본질적인 사회성을 통해 보기 때문에 개인 중심의 심리학보다, 경제적이고 사회적인 영향에 훨씬 큰 의미를 부여한다. 정신적으로 살아남기 위해, 인간은 사회·경제적으로 필요한 것을 광범위하게 갖추어야 하며, 특정한 사회가 유지되기 위해 필요한 것을 열정적으로 추구하도록 내면화해야만 한다.

물론 인간은 사회가 그저 글을 쓸 수 있는 백지가 아니다. 사회는 각 개인에게 존재하는 신체적이고 정신적인 추진력을 모두 받아들이지 않거나, 그로 인해 각 개인에게 정신적 질환이나 질병을 발생시킬 수 있다. 지그문트 프로이트가 타고난 충동에서 출발한 것과 달리, 프롬은 이미 1930년대 중반에 인간의 심리적 추진력은 욕망, 특히 매우 다양한 방식으로 충족될 수 있는 유대욕망에 의해 결정된다는 것을 깨달았다. 이 욕망이 어떻게 충족되는지에 따라, 그것은 인간과 사회의 성공을 촉진하거나 방해한다.

프롬은 모든 생명체와 마찬가지로 인간이 욕망을 충족시키는 기본적인 경향이, 즉 인지적 차원에서는 **이성**, 감정적 차원에서는 **사랑**, 그리고 상상적 차원에서는 **자신의 창의성**을 최적으로 실현할 수 있는 건설적인 가능성을 추구한다는 전제에서 출발한다. 하지만 인간은 자신의 상상력 덕분에 이 기본적인 경향에 맞서 삶을 형성할 수 있는 능력을 가지고 있다. 그것은 개인적인 이유일 수도 있고 경제적·사회적·문화적 기대나 강제에 의한 것일 수도 있다. 그러므로 삶을 방해하고 파괴하려는 욕망은 성장하려는 인간이라는 생명체의 경향이 방해받거나 심지어 좌절된 결과일 뿐이다. 그러므로 프롬의 사고에서 특징적인 것은, 인간의 본질적인 사회성뿐만 아니라, 인간에게 가능한 건설적인 성장력이 발달하고 펼

쳐질 수 있다면 인간과 사회가 성공할 수 있다는 휴머니스트적 신념이다.

인간에게 이 건설적인 성장경향이 지배적이라면, 프롬은 인간의 추진력이 생산적이거나 생명 친화적이거나 존재 지향적인 성질을 가진다고 말한다(여기에서 무엇보다도 프롬이 말하는 것은 사회적으로 생성된 추진력, 즉 사회적 성격을 가진 욕망이다).

프롬의 사회적이고 휴머니스트적 인간상에 대한 몇 가지 암시는 개인이 그의 사회적 조직Verfasstheit에서 어떻게 보여져야 하는지를 이미 알 수 있게 한다. 그러므로 개인의 성공과 안녕에 대한 문제는 경제적·사회적 요구가 사회적 성격을 통해 어떻게 그의 정신적 추진력을 형성하는지, 즉 이를 촉진하는지, 방해하는지 또는 완전히 차단하고 좌절시키는지의 문제와 연관 짓지 않고는 대답할 수 없다.

바로 이 점에서 프롬의 사고는 한편으로 비판적인 시각, 즉 지배적인 사회경제적 조건과 그에 상응하는 사회적 성격의 추진력이 정신적 결핍을 만들어 내는지, 그리고 **정상적이고 합리적이라고** 여겨지는 것이 사람들 간의 관계에 파괴적인 영향을 미치며 심리적인 관점에서 병리적이고, 즉 정신적 질병을 유발하는지를 특징으로 한다(이런 까닭에 프롬은 **정상의 병리학**에 대해 말하고 있다). 반면에 프롬은 인간에게는 근본적으로 자신과 사회적인 것이 서로 성공할 수 있도록 자신의 관계를 바꿀 수 있는 능력이 있다고 말한다. 이 두 가지, 즉 현존하는 것에 대한 심오한 비판 **그리고** 인간의 가능성에 대한 믿음이 에리히 프롬의 사상과 저서를 특징짓는다. 이 두 가지 측면은 이 책의 핵심 주제로 글 전체에 일관되게 전개된다.

이 책의 본문은 그 유명도에 따라 선택된 것이 아니다. 그 반대이다. 대부분의 텍스트는 알려지지 않은 출처에서 가져온 것이어서, 프롬의 저서를 잘 아는 사람들에게도 새로운 것이며 지금까지 알지 못했던 내용을 접할 수 있을 것이다. 오히려 이 책의 주제와 본문은 그의 시대의 에리히 프롬처럼 현재의 경제·사회·정치·문화의 발전을 두려움과 걱정으로 추적하고, 프롬처럼 인류의 미래에 대한 실존적 질문과 씨름하는 독자들을 대상으로 하고자 한다. 점점 더 많은 사람들이 더 이상 외면하려 하지도 않고 외면할 수도 없으며, 반드시 승리해야 한다는 광기를 함께 하려 하지도 않고 그렇게 할 수도 없다. 또한 그들은 상황을 포장하거나, 긍정적인 사고로 위안받거나, 인공지능의 도움을 받아 기술적 해결책에서 정신적 치유를 찾는 것에 지쳤다.

선호되는 관점은 사회적으로 생성된 감정적인 경험이 관심의
중심에 있는 사회심리학적 관점이다. 또한 이 관점이 주제의
선택을 결정했다.

위기에 처한 인류

1부(위기에 처한 인류)는 주로 현대인의 감정적인 상황을 다루
고 있다. 오늘날 수많은 사람들은 프롬이 그의 시대에 두려
움, 무력감, 방향감 상실, 외로움, 절망감 또는 증가하는 광신
에 대해 쓴 것을 공감한다. 여기에서는 우울증과 불안장애,
번아웃(극도의 피로) 그리고 심신心身증과 같은 정신적 질환의
엄청난 증가만을 다루는 것이 아니다. 여기에서는 또한 무자
비한 경쟁을 토대로 구축된 경제와 사회에서의 탈연대화의
확산과 타인의 다름을 더 이상 견딜 수 없을 때 발생하는 민
주주의의 위협도 다루고 있다.

이러한 발전과 위험을 이해하기 위해서는 정상성이라는 개념
이 사회심리학적으로 재고되어야 한다. 사회적으로 만들어진
결함이 한 사회에서 더 지배적이 될수록, 사람들은 이를 결함
으로 보기보다는 정상적인 것으로 경험하게 된다.

권위적인 사회적 성격이 지배적인 경우, 자신이 지배구조에 복종하고 순종한다는 것을 증명하는 일은 매우 정상적이고 당연하게 여겨진다. 프롬이 표현한 것처럼, 시장 지향적인 사회적 성격이 지배적일 경우, 이기는 것을 원하고 자신을 성공으로 포장하는 것이 가장 정상적인 일이 된다.

도널드 트럼프의 "미국을 다시 위대하게" 운동에서뿐만 아니라 다른 우익 포퓰리즘과 민족주의적 흐름에서도 나타나는 나르시시즘적 사회적 성격이 지배적인 경우, 모든 것은 자신이나 자신의 국가의 이상화와 위대함으로 향하며, 자신에게 쓸모없거나 수용할 수 없는 모든 것을 평가절하하거나 공격하는 데 초점을 맞춘다. 위대한 사람과 모든 모순적인 것을 자신으로부터 멀리할 수 있는 사람만이 정상이다.

사회적 성격이라는 개념을 통해 사회의 이러한 **정신상태**에 의문을 제기하고 정상적인 것이 심리적 결함의 표현일 수 있음을 보여 준 것은 프롬이었다. 따라서 우리는 **정상성의 병리**라고 말해야만 한다.

물론 프롬이 디지털 혁명과 함께 나타나는 사회적 성격을 심리적으로 어떻게 이해했을지 아는 것은 흥미로운 일이리라.

프롬의 생존 시에는 컴퓨터 기술은 여전히 펀치 카드로 이루어져 있었다. 디지털 기술과 전자 매체를 통해 현실을 경계와 제약 없이 시뮬레이션하고 가상세계를 만들어 낼 수 있으며, 인간이 무한하게 자신을 자율적으로 결정하고 모든 것을 새롭고 다르게 만들 수 있는 자유를 발견하게 될 것이라는 사실을 프롬은 짐작조차 할 수 없었다. 스마트폰, 검색 엔진, 알고리즘으로 제어되는 생산 과정과 같은 경이로운 기술적 메커니즘이 엄청난 축복이라는 사실 또한 마찬가지다. 만약 1970년대에 이미 심장 카테터 검사와 스텐트 시술이 있었다면, 프롬은 1980년에 심장마비로 죽지 않았을 것이다.

디지털 기술의 이면은 여러분이 자신의 인격까지 새롭게 만들고자 스스로 생각하고 판단하기를 멈추고, 더 나아가 자신의 감정과 관심사를 느끼기를 멈추며, 스스로 창의적이기보다는 챗봇과 같은 창의적 기술을 사용할 때 비로소 드러난다. 알고리즘과 인공지능이 여러분보다 더 잘할 수 있다면, 왜 굳이 여러분이 해야 할까? 하지만 우리가 근력에서 알고 있는 것처럼, 신경과학자들이 말하는 "써먹지 않는 것은 잃는다"는 사실은 인간의 정신적 능력에도 적용된다.

비록 프롬이 이러한 발전을 예측할 수 없었지만, 1960년대

말에 그는 이미 "사이버네틱 인간"(프롬이 디지털 캐릭터를 나타내기 위해 노버트 위너로부터 차용한 용어)에서 인간과 기술의 관계가 어떻게 변할지 예감하고 있었다. 즉 기술은 더 이상 창의적인 인간이 제어하는 도구가 되는 것을 멈추고, 그 대신에 인간은 기술의 창조성에 의해 통제되고 그것에 의존하게 된다. 인간이 자신을 창의적인 기술을 통해 규정할 수 없게 될 때, 그는 무력감과 무능력의 상태에 빠지게 된다. 갑자기 스마트폰 없이 일상을 관리해야 하는 사람은 누구나 이 주체의 변화가 얼마나 정확하게 일어났는지를 알게 된다. 인간의 기술화를 예감하면서, 프롬은 1968년 그의 저서 『희망의 혁명』의 부제목으로 "기술의 인간화를 위하여"라고 붙였다.

그러므로 디지털 시대에서 인간의 정상성의 병리와 그 자체로는 그렇게 인식되지 않는 대부분의 심리적 결함은 인간의 창의성과 자기 효능감의 점차적인 상실로 진단될 수 있다. 바로 인간 자신의 사고·감정·상상력이 점점 덜 실행되고 모든 치유가 기술적인 해결책에서 찾아지기 때문에, 인간이 아이폰 형태로의 창조적 기술을 더 이상 자신의 것으로 소유할 수 없게 되면, 인간은 무능하고, 무기력하고, 외롭고 그리고 방향 상실감에 빠질 위험에 처하게 된다.

왜 전쟁인가?

프롬과 오늘날 질문하는 사람들을 연결하는 두 번째 본질적인 질문은 "왜 전쟁인가"이다. 이에 관해 이미 지그문트 프로이트와 알버트 아인슈타인은 서로 생각을 주고받았다. 프롬의 경우 이 질문은, 1962년 쿠바 위기로 냉전의 정점에 이르렀고, 그리고 핵무기를 사용하는 3차 세계 대전이 위협하던 시기에, 인류가 스스로를 파멸시킬 수 있다는 깊은 두려움을 불러일으켰다. 프롬이 이 질문에 얼마나 깊게 파고들었는지는 알버트 슈바이처와 접촉했던 잉글랜드 출신의 출판인 클라라 어콰트에게 보낸 편지에서 드러난다. 1962년 9월 29일 프롬은 그에게 다음과 같이 쓴다.

> 며칠 전 밤에 나는 삶에 대한 사랑을 주제로 일종의 호소문을 썼습니다. 그것은 핵전쟁을 피할 수 있는 가능성이 거의 없다고 느끼게 하는 절망적인 기분에서 비롯되었습니다. 갑자기 나는 사람들이 전쟁의 위험에 대해 이렇게 수동적인 이유가 대부분의 사람들이 단순히 삶을 사랑하지 않기 때문이라는 생각이 들었고 또한 그렇게 느꼈습니다. 나는 그들에게 평화에 대한 사랑이나 전쟁에 대한 두려움을 말하는 대신 삶에 대한 사랑을 불러일으키는 것이 더 효과적일 수 있다는 생각이 들었습니다.

"대부분의 사람들이 삶을 사랑하지 않기" 때문에 그들이 전쟁의 위험에 대해 그렇게 수동적인 것일까? 프롬은 이 질문을 추적한다. 그렇다. 이 질문은 인류의 생존을 위협하는 핵전쟁이기 때문이다. 사람들은 어떻게 이렇게 수동적으로 반응할 수 있을까? 무섭지만 심리적으로 그럴듯한 설명은, 사람들이 삶에 대한 사랑Biophilie(바이오필리아)보다는 삶의 파괴Nekrophilie(네크로필리아)에 더 끌린다는 것이다. 물론 거의 아무도 인정하지 않겠지만, 대다수는 사실상 무관심한 태도로 그들의 속마음과는 다르게 말하는 것이며, 이런 점이 프롬을 매우 불안하게 만든다.

프롬은 1950년대 중반부터 미국의 정치에 적극적으로 관여했으며 미국의 최대 평화운동 단체인 'SANE'(합리적인 핵 정책을 위한 국가위원회)의 공동 창립자였으며 미국의 외교정책, 베를린 및 독일 문제, 중국의 발전, 소련의 정책, 핵무기 확장의 반대와 긴장 완화 정책에 대한 다수의 분석을 작성하여 국회의원들에게 전달했다.

위협적인 핵을 통한 인간의 자기 파괴와 대부분 사람들의 수동적인 반응은 『사랑의 기술』의 저자를 인간의 파괴성에 대한 연구자로 만들었다. 삶을 사랑하고 그것의 건설적인 가능성을 개발하려는 기본적인 경향이, 파괴적이고, 죽고 생명이 없는 것에 대한 끌림으로 인해 대다수가 점점 더 무기력해질 수 있다는 가능성은 프롬 자신에게는 매우 섬뜩한 일이었다.

그래서 그는 먼저 『인간 내의 전쟁: 파괴성의 뿌리에 대한 심리적 탐구』라는 제목의 기사를 썼다. 이 글에서 그는 인간이 "늑대인가 양인가"라는 질문을 통해 우선 지금까지의 인간 파괴성에 대한 논의를 언급하고, 이어서 프로이트의 죽음 충동 이론과 거리를 둔 다음, 인간 파괴성의 다양한 형태를 구분한 후 핵시대에서의 인간 파괴성 문제로 넘어간다.

프롬은, 계속해서 핵무기를 증강하는 데도 "지금까지보다 더 강력하게 이에 반대하지 않는" 이유가 무엇이냐는 질문에 대해 여러 가지 답이 있을 수 있다고 쓰고 있지만, 그 어떤 것도 심리학적으로는 "만족스러운 설명"이 될 수 없다고 하면서, 단 하나의 예외를 둔다. 즉 사람들은 전면적인 파괴를 두려워하지 않는데, 그 이유는 그들이 삶을 사랑하지 않거나, 삶에 무관심하거나, 심지어 많은 사람들이 죽는 것에 끌리기 때문이라는 것이다. 프롬은 먼저 이러한 네크로필리아적 파괴성의 다양한 출현 방식을 개략적으로 설명한 후, 산업사회에서 어떻게 그것이 더 강화되는지를 보여 주려고 한다.

간단히 말해, 지식화·수량화·추상화·관료화·물질화라는 현대 산업사회의 특징들은 사물이 아닌 사람에게 적용된다. 그것들은 삶의 원칙이 아니라 기계의 원리이다. 이런 시스템에서 살아가는 사람들은 필연적으로 삶에 무관심하고 네크로필리아에 더 끌리게 된다.

프롬은 이 기사를 우선 여러 명의 저명한 학자들에게 보냈다. 그중에는 정치학자 한스 모아킴 모르겐타우, 신학자 폰 틸리히, 정신과 의사 제롬 D. 프랭크와 로이 W. 메닝거 그리고 트라피스트 수도회 수도사 토마스 머튼이 포함되어 있었다. 그리고 그들이 다소 호의적으로 대답했을 때에야 비로소 프롬은 1964년에 출간된 그의 책 『인간의 영혼: 선과 악에 대한 그들의 능력』의 1장에서 3장까지에 바이오필리아와 네크로필리아에 대한 연구를 발표했다.

그러니 이것은 인간과 동물이 어떤 형태의 폭력·공격성·파괴성을 공유하는가, 어떤 형태가 인간에게만 나타나는가 하는 질문에 대한 10년에 걸친 연구의 시작에 불과했다. 인간에게만 사디스트적인 잔혹함과 나르시시스트적인 폭력성 외에 네크로필리아적 파괴성이 나타난다는 사실이 입증될 수 있다. 이 네크로필리아적 파괴성은 파괴에 대한 욕망과 생명이 없는 것 및 생명이 없는 것으로 만들기에 강하게 끌리는 특징이 있다. 이 네크로필리아적 파괴성은 프롬이 베트남 전쟁에 대한 그의 항의에서 이미 하소연한 것처럼 점점 전쟁을 수행하는 방식도 결정한다. 프롬은 자신의 연구를 1973년 출간된 500페이지의 두꺼운 책인 『인간의 파괴성에 대한 해부학』에 기록했다. 그는 1976년 바젤에서 열린 강연에서 가장 중요한 깨달음을 요약했으며, 이 강연은 이 책을 통해 처음으로 더 많은 대중에게 공개되었다.

정체성 찾기와 우익 포퓰리즘적 나르시시즘

3부의 본문은 현재 사회과학뿐만 아니라 정치와 사회에서 가장 많이 논의되고 있는 주제를 다루고 있다. 즉, 우익 포퓰리즘과 점점 더 많은 사람들이 민족주의적, 인종주의적 그리고 또 다른 집단 나르시시스트적인 기관과 조직에 도피함으로써 자신들의 사회적 정체성을 확보하고자 하는 사실을 다루고 있다. 프롬이 이미 우익 포퓰리즘에 대해 쓰고 연구했다는 것은 아니지만, 그는 현재의 전개 과정을 이해하고 바꿀 수 있는 사회심리학적 전제 조건을 만들었다.

앞서 언급했듯이, 프롬에게 있어서 인간의 사고·감정·행동에 동기를 부여하고 추진하는 것은 타고난 충동이 아니라 존재적인 심리적 욕망이며, 그중에서도 특히 유대욕망이다. 그러나 프롬에 따르면 이러한 친밀감에 대한 욕망은 다른 개인에게만 향하는 것이 아니라, 항상 개인—어느 정도 개별화된—이 소속감을 느껴야만 하는 사회 집단으로도 향한다. 그러므로 자신의 정체성을 경험하려는 인간의 욕망은 항상 사회적 정체성에 대한 욕망과 결합된다. 프롬에게 사회성은 그것이 비록 경우에 따라서는 상상 속에서만 경험되고 발휘되더라도 없다고 생각해서는 안 되는 것이다.

사회성에 대한 이 타고난 욕망의 표출Ausdruck이 사회적 성격의 형성이다. 이는 사회경제적 요구에 얼마나 적응했냐는 성과와 그에 따른 경제적이고 사회적인 삶의 실천으로 이해될 수 있다.

자신의 사회적 정체성에 대한 문제는 특히 자신이 무시당하거나, 잊혀지거나, 배제되거나, 가치절하되거나 그리고 무능하다는 것을 체험한 사람들을 괴롭힌다. 따라서 그들 중 상당수는 공격적으로 반응하고, 죄인을 수색하여 찾아내며, 극단적이고 폭력적인 해결책을 사용하는 경향이 있다. 다른 사람들은 그들이 다시 존중받고, 생각되고 헤아려지며, 자신이 가치가 있다는 것을 체험할 수 있는 소속감을 필사적으로 찾는다. 점점 더 많은 사람들이 다시 인정받고 소속감을 체험하기 위해 찾는 한 가지 해결책은 이상화된 자신을 상상하거나 정치·종교·문화·언론계의 이상화된 개인·집단·조직과 동일시하는 것이다. 팬-컬쳐가 유행하고 있다!

이러한 자신의 이상화가 자신을 반영하거나 보완하지 않는 모든 곳에 대한 평가절하, 배제 그리고 투쟁과 함께 일어난다면, 프롬은 이를 나르시시즘이라고 말한다. 여기에서 프롬의 결정적인 통찰은 대다수의 사람들이 자신을 이상화하는 것이 아니라, 이상화된 개인이나 집단과 동일시함으로써 사회적 정체성을 찾는다는 것이다. 즉 집단적 나르시시즘을 실현하게 된다. 도널드 트럼프와 미국의 "미국을 다시 위대하게" 운동이 나르시시스트적인 해결책이라는 점을 보여 주기 위해 이미 언급되었다.

따라서 기술적으로 고도로 발전한 서구 국가들에서의 우익 포퓰리즘과 심각하게 우경화된 정치적 발전은 그 국민들의 비참한 정체성의 문제로 이해되어야 한다. 따라서 우익 포퓰리즘이 민족주의, 외국인 혐오, 인종차별주의, 배제와 배타성을 보인다면, 이런 정책은 주류 사회과학이 주장하는 것처럼

권위주의적인 논리가 아니라, 나르시시스트적인 논리와 정
신역학에 따른 것이다. 권위주의 형태도 특히 극우 정치적
입장에서 역할을 하는 것은 분명하다. 그러나 사회의 정치적
중도파 입장에서 우익의 정치적 발전을 심리적으로 이해하
려면, 권위주의적 우익과 우익 포퓰리즘의 현상을 분명히 구
분해야 한다. 이들은 점점 더 강력해지고 지배적으로 되는
나르시시스트적 사회적 성격을 나타내고 있는 것이다.

심리학적 관점에서 집단 나르시시즘의 위험성은 타인에 대한
관심, 즉 자신의 것이 아닌 것에 대한 모든 것, 낯설고 알려지
지 않은 것, 자신과 다르게 존재하는 것에 대한 관심이 점점
사라진다는 점에서 볼 수 있다. 우익 포퓰리즘은 국민들 사이
에서 목소리를 내고 있지만, 본질적으로는 반ҝ민주주의다.
모든 민주주의에서는 타인을 있는 그대로 긍정적으로 인정
하는 것이 포함되어 있기 때문이다. 우익 포퓰리즘은 나르시
시스트적 심리역학 때문에 자신이 아닌 것에 대한 진정한 관
용과 수용을 알지 못한다. 모든 집단 나르시시즘은 생존에 필
요한 협력 대신에 서로 간의 대결을 선동한다.

하나로 된 세계의 휴머니즘

오늘날 긴급한 문제들에 대한 나르시시트적 답변의 강화는 이미 프롬의 시대에도 네크로필리아적 폭력 경향과 함께, 전 지구화된 세계에서 휴머니즘적 해답을 실현하는 문제로 본다면 가장 큰 장애물 중 하나였다. 나르시시트적인 사람들은 타인에 대한 관심을 상실하고 그들 자신이나 그들의 지도자나 집단의 위대함만을 염두에 두고 있기 때문에, 그들은 점점 그들 자신의 인간다움과 타인에게 접근하지 못하게 된다.

하지만 프롬이 말하는 휴머니즘, 인류애 그리고 인간다움은 무엇을 의미할까? 출발점은 자신을 의식할 수 있는 능력과 자신의 상상력의 도움으로 현실, 타인과 그리고 자신과의 관계를 상당한 정도까지 스스로 형성할 수 있는 인간의 능력이다. 그러나 자신을 의식하는 것은 항상 두 가지를 포함한다. 첫째, 인간은 자신의 제약·한계·유한성을 자각하고 있으며, 예를 들어 두려움·절망·의존성·무능과 같은 감정으로 고통을 받고 있다. 그러므로 고통은 인간 존재 조건의 일부이다. 둘째, 인간은 자신의 인지력·정서능력·상상력을 가지고 있으며, 최고의 행복과 공공의 이익을 성취하기 위해 이 능력들을 계속 발전시킬 수 있다. 인간이 할 수 있는 것을 건설적인

방식으로 실현하고자 하는 열망은 인간에게—모든 생명체에
서도 그러하듯이—내재되어 있지만, 바이오필리아적 열망은
인간이 만들어 낸 조건과 상황에 의해 방해받을 수 있으며,
경우에 따라서는 그 반대로 전환되기도 한다. 그러므로 프롬
에게 악과 파괴성은 인간의 운명이 아니라 살아 보지 않은 삶
das ungelebte Leben의 결과이다.

이 책에 실린 텍스트들은 이러한 바이오필리아적이고 휴머
니스트적 열망이 역사에서 반복적으로 목소리를 내며, 타인
과 외국인을 혈족, 씨족, 민족공동체나 종교공동체, 권력독점
체와 민족주의에서 배제하는 발전에 맞서 투쟁하는 방식을
명확하게 표현하고 있다.

프롬이 이해하는 휴머니즘에는 무엇보다도 르네상스와 계몽
주의의 휴머니즘의 특징이 반복적으로 나타난다. 우선 언급
되어야 할 점은, 각 개인이 전 인류를 품고 있으며 인간다움
의 조건은 본질적으로 모든 사람들에게 동일하다는 신념이다.
이는 지능·재능·키·피부색 등과 같은 피할 수 없는 차이에도
불구하고 유효하다. 그러므로 **원칙적으로** 인간은 인간적인
것 외에는 **어떤** 것도 가지고 있지 않다(여기서 **원칙적**이라는 말의
의미는 곧 언급될 것이다).

인간다움의 실존적 토대가 모든 인간들에게 동일하기 때문에, 프롬의 휴머니즘에 대한 이해에서 **인간의 존엄성**은 중요한 특징이다. 휴머니즘의 가장 큰 적은 비이성, 현실에 대한 왜곡된 인식(나르시시즘의 경우에서처럼) 그리고 이웃에 대한 적대감이기 때문에, **이성·객관성·평화를 추구하는 능력**이 휴머니즘의 본질적인 특성이다. 인지력·정서능력·상상력의 계속적인 발전은 인간이 할 수 있는 것에 대한 바이오필리아적 성취를 가능하게 하기 때문에, 프롬에 있어서도 자신의 힘으로 인간을 완성하는 능력은 휴머니즘의 또 다른 중요한 특징이다.

1962년 프롬은 『하나의 세계를 위한 전제 조건으로서의 새로운 휴머니즘』"(이 책 4장의 2번째 단락)이라는 제목의 강연에서 경제적 발전이 인간 세상을 글로벌 생산의 장으로 만들 것이며, 새로운 의사소통 방식이 모든 인간들 사이에 더 큰 친밀감을 조성할 것이라는 점을 인식하고 있었다. 이 강연에서 프롬은 하나로 된 세계의 탄생이 아마도 인류의 역사에서 "가장 혁명적인 사건"이 될 것이라고 말한다.

이러한 발전을 인간적으로 수행하기 위해서는 우리는 우리의 의식을 **확장시킬 수** 있는 휴머니즘이 필요하다. 이러한 의식의 확장은 보통 우리가 속한 사회가 우리에게 인지할 수 있게 해 주는 것에 한정된다. 이 생각과 일치하지 않는 것은 의식에 떠오를 수 없으며 우리에게 낯설다. 하지만 프롬의 이 관점에는 무의식과 억압된 것에 대한 특별한 이해가 전제되어 있다.

지그문트 프로이트는 특정 사회에서 금기시되는 타고난 욕망은 우리가 의식해서는 안 되기 때문에 억압되고 억압 속에 시달려야 한다고 생각했다. 프롬에게 억압되는 것은 타고난 욕망에 의해 결정되는 것이 아니라, 사회적 시스템의 기능에 역효과를 가져오는 생각·가치·감정·환상·바람·추구에 의해 결정된다. 따라서 프롬은 인간은 인간이 할 수 있는 모든 것에 대해 원칙적으로 능력이 있다고 가정한다. 그러나 사회(그 문화기관을 포함하여)는 언어, 논리 그리고 무엇보다도,

> 생활 방식과 관계 맺기, 느낌과 지각의 방식을 통해 의식의 형태를 결정하는 범주의 체계를 결정한다. 이 체계는 소위 **사회적으로 제약되는 필터**로 작동한다. 지각된 내용은 이 필터를 통과할 때에만 의식으로 들어올 수 있다.(프롬,『정신분석과 선불교』, 1960, 전집 4권, 323쪽)

이 사회적 필터가 무엇이 무의식에 남아 있어야 하는지를 결정하기 때문에 무의식이 억압된 것과 동일한 것은 아니다. 오히려 무의식은 우리 각자로 대표되는 보편적 인간과 동의어이다. 사회적 필터를 통과해서는 안 되는 것은 낯설고, 다르며, 위협적이고 사회적으로 금기시되는 것으로 경험된다.

무의식이 보편적이고 전체적인 인간을 나타낸다는 프롬의 견해는 인본주의에 대한 새로운 차원을 열었다. 이는 이미 기원전 2세기 테렌티우스의 유명한 말에서 표현되었지만, 아마도 이런 의미는 아니었을 것이다. 테렌티우스는 "인간적인 것은 그것이 무엇이든 인간에게 낯선 것은 없다"고 말했다.

새로운 휴머니즘은 하나로 된 세계에서 무엇보다도 인간의 심리적 조건을 충족시켜야 한다. 이런 이유로 프롬이 1960년대 중반에 작성하고 이 책의 끝부분에 수록된 『휴머니즘의 신조』에서 프롬은 다음과 같이 쓰고 있다.

> 나는 개인이 자신의 사회를 초월하여, 인간 잠재력의 발전을 촉진하거나 방해하는 방식을 이해하지 못한다면, 그는 자신의 인간성과 친밀하게 접촉할 수 없다고 믿는다.

사회적 필터에 의해 자신의 인간다움의 한 측면으로 인식되지 않는 인간 가능성의 이러한 측면들을 인식하는 것은, 하나로 된 세계에서 사회 비판을 휴머니즘의 필수적인 요소로 만든다. 게다가 프롬은 한 사회와 개인이 사회적 필터로 인해 자신의 것으로 인식되는 것을 방해하는 것을 발견하게 하는 것이 평생의 과제임을 분명히 했다.

따라서 프롬의 휴머니즘은 유토피아적 차원으로 특징지어진다. 왜냐하면 인간이 마음대로 소유하거나 완성된 목표처럼 여길 수 있는 성취된 휴머니즘은 존재하지 않기 때문이다. 휴머니즘은 (심리적·사회적) 과정으로만 생각될 수 있다. 이 과정에서 낯선 것과 타자는 사회적으로, 그리고 각 개인 안에서 의식 속으로 드러나게 되며, 그 낯선 것은 점점 더 이상 두려움을 불러일으키거나 공격적으로 방어해야 할 타자이기를 멈추게 된다. 프롬에 따르면 이러한 방식으로만 인류는 **미래를 감당할**zukunftsfähig 수 있다.

마지막으로, 본문의 중간 제목은 대부분 엮은이인 내가 추가한 것이고, 그 외 본문 수정은 항상 괄호로 표시했다는 점을 알려 두고자 한다.

2024년 11월 튀빙겐에서

라이너 풍크

제1부

위기에 빠진 인류

1. 현대인의 정신 상태

불과 한 세기 만에 미국의 힘과 경제적·정치적·군사적 자원은
상상조차 할 수 없는 수준에 도달했으며, 이 상승세는 끝날
기미가 보이지 않는다. 미국 정신[1968]은 그만큼 인상적이고
유망한 모습을 보여 주고 있는가? […]

먼저 오래전에 중세의 질서가 무너진 후 서구인들의 극심한
불안을 다룬 『자유로부터의 도피』(1941)에서 했던 것보다 훨
씬 더 최근의 상황에 대한 분석으로 시작한다. 인간은 고정
되고 정적이던 봉건 사회의 족쇄로부터 자유를 얻었지만, 자

신이 외롭고 불안하며 고립되어 있음을 발견했고, 일과 성공에 대한 광적인 강박에 굴복함으로써 자신의 불안감을 극복했다. 인간은 외로움과 불안에서 도피하기 위해 자신의 모든 에너지를 동원했다.

그 후 수 세기 동안, 인간은 자신이 만든 새로운 사회질서에서 적어도 중상층과 상류층의 일원으로서 상당한 안정을 얻을 수 있는 산업사회를 건설하는 데 성공했다. 그는 "자기 배의 주인"이지만, 그의 성공은 여전히 시스템에서 배제된 수백만 명의 노골적인 착취에 기반하고 있다. 20세기 초부터 속도가 증가하면서 일어난 일은 중세 말 이후에 발생한 일과 유사하거나 어쩌면 더 극적인 과정이다.

프랑스 혁명이나 러시아 혁명만큼 지대한 영향을 미칠 혁명이 일어났지만, 그 과정은 느리고 폭력적이지 않았다. "자본주의"나 "사기업 체제"라는 명칭을 제외하면, 나머지는 거의 변하지 않았다. 중소기업은 사라지거나 그 중요성을 잃어버리고 있으며, 법적으로는 수십만 명이 소유하고 있지만 소수의 경영진이 관리하는 거대 기업이 미국경제를 지배하고 있다. 1967년에 상위 200대 대기업이 미국 산업생산량의 60% 이상을 차지했다. "대중"의 시대가 도래했다. 더 이상 굶주린 노동자 계급은 없다(가난과 교육 부족으로 인해 사실상 소외된 소수 집단이 존재하는데, 이들은 주로 유색인종으로 구성되어 있지만 전적으로 그런 것은 아니다). 자동차, 라디오, 텔레비전, 세탁기, 여가 시간 그리고 "저개발" 소수 집단을 제외한 모든 사람에게 충분한 식량이 있다. 개인이 자신의 행동, 사고방식 그리고 심리적 특성 면에서 적응해야 하는 중앙집권적이고 선의의 관료제가 있다. 그리고 그것에 적응한 사람만이 더 좋은 직장을 얻고 승진한다.

인간을 둘러싼 세계 또한 급격하게 변했다. 제트기, 미사일, 우주여행, 달 정복 그리고 핵물리학의 발견과 그로 인한 핵에너지 및 핵무기 개발, 모든 생명체의 완전한 파괴, 또는 적어도 서구 문명의 완전한 파괴 가능성은 세계관을 완전히 바꿔놓았다.

이러한 변화의 영향은 근대 초기에 일어난 것과 유사하다. 인간은 다시 두렵고 불안하고 외롭다. 그는 이런 변화들을 이해할 수 없고, 그 원인을 알지 못하며, 이 변화들이 그를 어디로 이끌지 전혀 모른다. 그는 아직 변화하는 세상에 맞는 새로운 방향성과 헌신의 틀을 찾지 못했다. 인간은 이 불안에 어떻게 반응할까?

두려움과 소비주의

많은 방법이 있다. 한 가지 방법은 낡은 생각과 행동의 관습에 고집스럽게 집착하여 불안과 무력감을 억누르는 것이다. 또 다른 방법은 자신만의 사악한 계획으로 기존의 조화를 뒤집어엎었다고 탓할 희생양을 찾는 것이다. 이런 희생양은 안전과 평화에 대한 유일한 장애물로 광적으로 혐오된다. 불안에 반응하는 또 다른 방법은 무리 속으로 도피하는 것이다. 즉 거대 조직, 국가, 여론 등에서 안식처를 찾는 것이다. 마치 어린이가 악몽에서 위안을 받기 위해 어머니를 찾듯이, 오늘날 두려움에 떨고 있는 사람도 오늘날의 거대한 어머니인 조직에서 위안을 찾는다.

또 다른 방법은, 보편적인 의미를 가지며 앞서 언급한 다른 방법들의 일부 또는 전부와 흔히 혼합되어 나타나는 소비에 대한 열정이다. 불안과 탐욕 사이의 이러한 연관성을 보여주는 예는 많은 사람들이 경험을 통해 알고 있다. 즉 그들은 일반적인 식욕이나 배고픔과는 다른 강렬한 식욕을 갑자기 느낄 수 있는데, 이는 거의 저항할 수 없는 열정으로 나타난다. 이러한 식욕은 식사를 한 시간이 얼마나 지났는지에 상관없이 나타날 수 있다. 그들이 먹는 것을 멈출 기력만 있다면 식사하는 동안 잠잠해졌던 불안을 다시 경험하게 될 것이다.

다른 유사한 보상 기제로는 물건을 사고, 마시고, 담배를 피우려는 열정이 있으며, 진정한 성적 충동으로 느껴지는 것도 종종 불안으로부터의 도피이자 보상이다. 이렇게 인간은 '전면적인 소비자'가 되었다. 그는 술·음식·담배·강연·볼거리·책·영화 등을 '흡수'한다. 모든 것을 소비하고 삼켜 버린다. 세상은 그의 식욕을 위한 거대한 대상이다. 커다란 술, 커다란 사과, 풍만한 젖가슴 등이 그 대상이다. 인간은 젖을 빠는 존재, 영원히 기대하는 존재, 그리고 영원히 실망하는 존재가 되었다.

이런 소비에 대한 열정이 우리의 산업시스템과 어떻게 연관되어 있는지는 굳이 지적할 필요가 없다. 우리 생산물의 상당한 부분이 이러한 "소비를 통한 도피"에 기여하고 있으며, 특정 산업 부분은 경제적 이유로 소비 중독을 증가시키기 위해 가능한 모든 수단을 동원해 개인을 유혹하고 있다. (우리가 대마초처럼 비교적 무해한 약물에 대해 벌이는 전쟁은, 전체적으로 볼 때 오히려 더 심각한 심리적 해악을 초래하는 소비 중독 전체의 희생양으로 이 약물을 만들어 버리고 있는 것처럼 보인다. 이 약물은 담배나 술처럼 강력한 이익 집단의 지지를 받지 못하고 있다).

무력감

불안과 당혹감과 밀접한 관련이 있는 현대인의 또 다른 특징
은 무력감이다. 이 주장에 대한 반론이 많은 것이다. 현대인
은 자신이 자연의 주인이 되었고, 원자 에너지의 열쇠를 찾았
으며, 우주로 나아가 전통적인 공간 개념의 문턱을 넘어섰다
고 느끼지 않는가? 공산주의 국가와 몇몇 중립국을 제외하고
거의 전 세계에 권력을 확장한 오늘날의 미국 시민은 무력감
을 느낄까? 그의 권력은 "나는 로마 시민이다"라는 말을 가장
자랑스럽게 여겼던 로마 선조의 권력과 같지 않나?

이 모든 것이 사실일 수 있다. 하지만 권력에는 두 가지가 있
다는 것을 잊어서는 안 된다. 하나는 어떤 것에 대한 권력, 즉
자연과 사람에 대한 권력이다. 그러나 "~할 수 있는 권력"도
있다. 즉 생각하고, 사랑하고, 깊이 느끼고, 창조하고, 니체가
말했듯이 "약속할 수 있는 권력"도 있다. 다르게 말하면 "~할
수 있는 권력"은 자아감·정체성·독립성에서 비롯된다. 그 안
에서 나는 나의 진정한 경험·감정·사고·행동의 주체로서 나
자신을 경험하게 되고, 그 결과 스스로를 유능하고 힘 있는
존재로 느끼게 된다. 반면에 "지배하는 권력"은 내가 마치 기
계의 일부이거나 기계의 연장물 같은 존재가 되어 특정 행위

를 수행하도록 프로그램된 존재라고 느끼는 방식의 권력이다. 이런 행위에는 지능과 에너지만 필요할 뿐, '영혼'의 활동은 요구되지 않는다. 강력한 스포츠카의 운전석에 앉은 사람은 자신이 힘이 있다고 느끼지만, 타인과의 관계나 자신과의 관계에서는 극도로 무력감을 느낄 수도 있다. 그럼에도 그는 엔진의 힘을 인간의 힘, 즉 자신의 힘과 쉽게 혼동해 버린다.

현대인은 일어난 혁명적인 변화를 이해하지 못하기 때문에 무력감을 느낄 뿐만 아니라, 무엇보다도 개인으로서 거대한 관료제 — 기업·정부·군대 등과 같은 비인격적인 조직 — 를 상대해야 하기 때문에 무력감을 느낀다. 개인은 단지 전체의 성장과 원활한 기능을 위해 사용되는 하찮은 도구에 불과할 뿐이다. 개인이 부당한 대우를 받는다는 뜻은 아니다. 오히려 그 반대이다. 개인은 사회가 상당한 투자를 통해 교육시킨 귀중한 기계 부품처럼 취급되며, 원활하고 마찰 없이 기능할 수 있도록 필요한 만큼의 음식·옷·오락을 제공받는다.

현대인은 자유롭다. 그러나 그의 자유는 주로 이익을 위해 경쟁하는 다양한 브랜드의 상품과 엔터테인먼트 중에서 선택할 수 있는 자유에 불과하다. 그는 생각하고 그의 생각을 말할 자유가 있다. 그것은 커다란 축복이지만 그것을 사용하는 사람은 많지 않다. 사람들은 자신이 읽은 상투적인 표현들이 독창적인 생각을 나타낸다고 믿는 것을 더 좋아한다. 말하자면 자신의 발전에 불리할 수 있는 것들을 생각할 가치가 없다고 생각한다.

하지만 무엇보다도 사람들은 자신과 자녀의 생사가 걸린 결정조차도 자신들이 영향을 미칠 수 없다는 것을 알기에 무력감을 느낀다. 대통령 후보와 국회의원을 뽑는 시민들, 주주총회에서 투표하는 주주들 그리고 임원 명단에 투표하는 노조원들은 의례적인 기능을 수행한다. 사실 문제들은 어렵고 복잡하며 상황이 종종 갑자기 변하기 때문에 적극적으로 참여하는 것조차 어렵게 만든다. 하지만 이러한 어려움은 해결될 수 있는 반면, 해결이 거의 불가능한 문제들도 있다.

국민의 대표들은 전문가 집단을 이루고 있으며, 그들 중 많은 이들은(전부는 아니지만) 주로 자신의 직업적 발전에만 관심을 두고 있다. 그리고 개인이 의견을 표명하고 이를 통해 사건에 영향을 미칠 수 있는 장치는 없다. 이 모든 것은 정보가 부족하고 종종 왜곡되어 있다는 사실 때문에 더 심각하다. 하지만 이마저도 최악은 아니다.

최악은 평범한 시민은 비판적으로 생각하는 훈련을 받지 못했다는 점이다. 그는 문제의 핵심에 집중하고 파고드는 습관을 배우지 못했기 때문에 그럴듯한 주장에 쉽게 현혹된다. 실제로 생각과 행동은 양방향으로 연결되어 있다. 올바르게 행동하기 위해서는 올바르게 생각해야 한다는 것은 사실이지만, 행동에 대한 생각은 그것이 어떤 행동과 연결될 때에만 제대로 기능한다는 것도 사실이다. 어떤 행동에 영향을 미칠 수 없을 때는 생각은 약하고 모호해진다.

오늘날 종교적 신념이 인간이 외로움과 무력감을 극복하는 데 도움이 될 수 있을까? 그래야만 한다. 사실 신앙의 개념은 바로 개인이 자기 신념과 확신에 의지하고, 옳은 답을 찾기 위해 더 높이 올라가 최종적으로 가장 인기 있는 것을 채택하지 않는 것이다. 불교뿐만 아니라 유대교와 그리스도교도 혁명적인 종교였다. 사실 복음서는 "그리스인들에게는 스캔들"이었다. 그러나 우리는 반대로 진정한 종교적 전통에 속하는 상징들을 사용하여 그 상징들을 소외된 인간의 목적에 부합하는 신앙 형식formula으로 바꾸어 놓았다. 종교는 대체로 빈 껍데기가 되었고, 성공을 위해 자신의 능력을 키우는 자기계발 수단으로 변질되었다. 신은 사업의 파트너가 된 것이다.

소외된 사람들은 서로에게 무관심하다

사랑에 있어서 인간에 대한 사랑과 신에 대한 사랑은 다르지 않다. 인간에 대한 사랑도 드문 현상이다. 자동인형은 사랑하지 않고, 소외된 인간은 신경 쓰지 않는다. 연애 전문가와 결혼 상담사들이 칭찬하는 것은 서로를 올바른 기술로 조종하는 두 사람 사이의 팀 관계이다. 그들의 사랑은 본질적으로 '둘만의 이기주의', 즉 사랑은 참을 수 없는 외로움으로부터의 안식처이다.

그렇지 않을 수 있을까? 우리의 전체 산업 문명이 실제로 종교적 전통이 요구하는 모든 태도, 즉 이웃 사랑, 겸손, 나르시시즘의 극복, 탐욕, 무엇인가를 탐내는 것 등을 극복하는 것을 억제하고 있기 때문이다. 대부분의 사람들이 그것을 이루기 위해 노력하는 것일까? 분명히 그렇지 않다. 사실, 그들이 그렇게 한다면 구약성서나 신약성서, 그리고 불교와 도교의 눈에는 악덕으로 보이는 바로 그 자질을 보상하는 환경에서는 성공하지 못할 것이다. 우리의 산업 문명은 인간의 이기심과 물질·권력·명예에 대한 탐욕을 부추긴다. 아마 전쟁에서는 예외이겠지만 모든 관행에서 이타심과 겸손을 억제한다. 사실, 그것은 우상 숭배로 이어진다.

우상이란 무엇이며 우상 숭배란 무엇인가? 우상은 인간의 손으로 만든 것이지만, 마치 인간이 노예이고 손으로 만든 것이 주인인 것처럼 그 앞에 절을 한다. 인간이 그렇게 할 때 그는 온전히 살아 있지 않다. 왜냐하면 인간은 자신을 '생명이 아닌 것', 즉 사물을 숭배하는 자로 만들기 때문이다. 예측할 수 없는 진화의 가능성을 지닌 열린 시스템이 되기보다는, 우상 숭배자는 자신이 숭배하는 형상만큼이나 자신을 닫힌 시스템으로 만들어 버린다.

오늘날 우리는 우상이라고 하면 수천 년 전의 우상들을 떠올린다. 바알, 아스타르테, 비너스, 제우스, 로마 황제의 형상 같은 것들 말이다. 우리는 신을 '믿기' 때문에 우상 숭배자가 될 수 없다고 생각한다. 하지만 우리 역시 우리 손으로 만든 결과물과 우리가 만들어 낸 환경을 숭배한다. 단지 다른 이름을 붙이고 의식적으로 그것들을 신성시하지 않을 뿐이다. 그러나 우리는 그것들을 위해 기꺼이 죽으려 하고, 더 나아가 그것들을 위해 살아가려 함으로써 그것들이 우리에게 신성하다는 것을 증명한다.

이 우상들은 무엇인가? 조직, 국가, 권력, '미래', 무한 소비, 심지어 신까지 우상으로 변모했다. 우상 숭배는 최근의 철학적 논의에서 "소외"라고 불리는 것과 같다. 소외된 인간은 자신이 만든 것인데도 자신을 압도하고 자신과 대립하는 사물과 상황에 직면해 있다고 느낀다. 인간은 강력한 도구와 복잡한 상황의 세상을 만들었지만, 그것들을 통제할 능력을 상실했다. 인간은 도구를 점점 강력하게 만들어 가지만, 그에 따라 점점 더 무력하다고 느낀다. 학식이 깊은 미국의 신학자 하비 콕스Harvey Cox는 앞의 현상을 다음과 같은 종교적 언어로 표현하고 있다. "신은 역사의 키를 인간의 손에 쥐여 주었지만, 인간은 해먹에 누워 버린 채 바람과 조류에 자신의 배가 이리저리 떠밀리도록 내버려두었다." 인간의 지적 천재성의 산물이자 모든 사람에게 위협이 될 수 있는 핵폭탄보다 더 극단적인 소외의 예가 있을까? 모든 노력에도 불구하고 인간은 아직 핵폭탄이 멸종의 위협을 멈추도록 통제하는 데 성공하지 못했다.

오늘날의 인간은 무력감·외로움·불안감을 느낄 뿐만 아니라 극심한 지루함에 시달린다. 우리가 결코 지루해하지 않는다는 점이야말로 우리 문화에서 가장 가치 있게 여겨지는 특성 가운데 하나인데, 이것이 어떻게 가능하단 말인가? 하고 많은 독자들이 믿기지 않는다는 듯, 심지어 분노하면서 묻게 될 것이다. 우리는 몇 시간씩 TV를 보고, 드라이브를 하고, 여행을 하고, 파티에 가는 등의 행동을 한다. 우리가 눈뜨는 순간부터 잠드는 순간까지 단 1분도 가만히 있지 않는다. 실제로 의식적으로는 지루하지 않지만, 나는 이렇게 묻고 싶다. TV의 공허한 오락거리, 무의미한 사교적 수다, 거짓되고 감상적인 영화조차도 만족스러운 '기분 전환relief'이 된다는 것이 얼마나 끔찍하고 지겨운 삶일까? 실제로 우리는 시간을 절약하기 위해 많은 노력을 기울이나, 절약한 시간을 '때우는 것' 외에는 어떻게 써야 할 줄 모른다.

지루함은 내면의 생동감의 결여, 생산적인 활동의 부재, 세상과의 진정한 관계 맺음의 상실 그리고 우리 주변의 모든 것에 대한 진정한 관심의 결핍과 관련이 있다. 가장 근본적으로는, 그것은 아마도 삶에 대한 사랑의 부재와 관련되어 있을지도 모른다. 지루함은 기쁨의 반대이다. 그러나 현대인은 기쁨이 무엇인지 거의 알지 못한다. 그는 쾌락·재미·스릴이 무엇인지는 안다. 그러나 어떤 자극도, 어떤 장치도 필요로 하지 않으며, 진지하면서도 가벼운, 깊고 은은하게 타오르는 생생한 경험인 기쁨은 드문 경험이다.

기쁨뿐만이 아니다. '무언가를 하는 것'과 연결되지 않지만 집중력과 고요함을 필요로 하는 모든 깊은 감정은 대부분의 사람들에게 낯선 것이 되어 버렸다. 그들은 '행복'해지기를 원하며, 행복을 모든 욕망의 충족과 고통의 부재로 이해한다. 그러나 이러한 행복은 본질적으로 피상적이며 기쁨이 아니다. 그것은 슬픔을 몰아내는 것이다. 우리는 슬픔을 몰아내기 위해 아이들을 위해 갈등을 회피하는 것부터 방부 처리된 시신의 우아한 외관에 이르기까지 모든 일을 한다. 그러나 진정한 깊은 감정을 느낄 수 있는 능력을 상실하지 않은 사람은 여러 번 슬픔을 느끼지 않을 수 없다. 사실 삶의 문제는 행복해지는 것이 아니라 진정으로 살아 있다는 것이다. 기쁨을 경험하든 슬픔을 경험하든 그것은 살아 있음의 경험에 비하면 부차적인 것이다.

방향 감각 상실과 광기

이 증상에는 훨씬 더 많은 것이 추가될 수 있다. 그중 하나는 가만히 있거나 집중할 수 없고 그 대신 끊임없이 "무언가를 해야 한다"는 강박증이다. 우리는 정보를 지식과 혼동하고, 얄팍한 지성주의를 깊은 사고와 혼동한다. 도시를 황폐하게 방치하고, 강과 공기를 오염시키고, 거리를 혼잡해지도록 내버려둠으로써 우리는 우리 자신과 미래 세대에게 무책임함을 드러낸다.

결국, 우리는 항상 수단과 도구에만 관심을 가지며, 목적 자체에는 관심을 두지 않는다는 사실을 고려해야 한다. 우리는 '어디로 가는가'를 묻지 않고, '그곳'으로 가는 방법만을 찾는다는 것이다. 우리는 길을 잃었다는 것을 어렴풋이 느끼면서 자동차를 운전하는 사람과 같다. 그는 멈춰 서서 자기 자신과 자신의 상황을 살펴서 올바른 방향으로 가고 있는지 확인하는 대신, 단지 더 빨리 운전하고 모터를 만지작거려 더 높은 속도를 내는 데만 신경을 쓴다. 우리는 점점 더 빠른 속도로 '아무 데도 아닌 곳'을 향해 운전하고 있는 것처럼 보인다. 그러나 이 '아무 데도 아닌 곳'은 실제로는 인류의 자멸일 지도 모른다. 우리는 점점 더 효율적인 파괴용 무기를 만들어 내고 있지만, 결국 그 끝이 멸종이라는 사실을 깨닫지 못하고 있다.

더 이상 희망은 없는 것일까? 우리는 합창단이 다가오는 재앙을 경고하지만 아무것도 할 수 없는, 그리스 비극의 마지막 장면을 목격하고 있는 것일까? 어쩌면 그럴지도 모른다. 그러나 생명이 존재하는 한, 그리고 인간의 창조성이 오늘날의 과학·예술·문학에서 보여 주듯 그렇게 아름다운 표현을 계속해서 찾아내는 한, 희망은 있다. 변화를 위한 조건은 합리화에 빠지지 않고 사실을 객관적으로 바라보는 것이다. 즉 우리가 하는 일과 우리가 공언하는 것 사이의 모순을 인식하여 제거하고, 사랑이 증오보다 우월하다는 것, 영적인 힘이 시장에서의 성공보다 우월하다는 것, **존재하는 것이 소유하는 것보다 더 중요하다는 것**을 기꺼이 받아들일 준비가 되어 있는지 스스로 결단하는 것이다.

오늘날 수백만 명의 미국인들, 특히 젊은 세대들이 (물론 그 세대에만 국한된 것은 아니지만) 의문을 품고 더 의미 있는 삶의 방식을 찾고 있다. 그들은 영적으로 굶주려 있으며, 자신의 탐구를 만족시켜 줄 답을 찾기 위해 애쓰고 있다. 폭력이나 환각제, 성적 방종도 각기 왜곡된 방식으로 진실의 핵심을 담고 있긴 하나 만족스러운 답을 주진 못할 것이다. 내 생각에는 오늘날 이런 의문에 찬 분위기와 변화에 대한 준비는 어느 나라보다 미국에서 더 널리 퍼져 있고 더 심오하다. 바로 이 때문에 미국은 아마도 영적·사회적 쇄신을 위한 잠재력이 가장 큰 나라일 것이다.

우리는 이미 '소비자의 낙원'에 도달해 있으며, 많은 사람들이 똑같은 것을 더 많이 가질 수 있다 해도, 그것들이 그들을 더 생기 있고 더 기쁘게 만들어 주지는 않으리라고 느낄 수도 있다. 많은 젊은이들이 변할 준비가 되어 있지만, 어떤 방향으로 나아가야 할지 확신이 없다. 그들은 모든 전통적·철학적·종교적·정치적 형식을 불신한다. 왜냐하면 전통적인 이상이 이기적인 이익과 공격성을 옹호하는 데 악용되었고, 그들 자신의 이상주의가 이용당했다고 올바르게 느끼고 있기 때문이다. 그러나 우리의 전통과의 연결이 끊어진다면, 젊은 세대는 어디로 향할까? 지난 5천 년간 인간 정신이 성취한 것을 대체할 것은 없다. 우리 앞에 놓인 과제는 이 전통을 되살리는 것이다. 즉 전통을 '교육'의 박제되고 소외된 일부가 되어 버린 처지에서 구해 내 오늘날의 문제에 적용하는 것이다.

이러한 휴머니즘 전통의 르네상스가 일어나지 않는다면, 모든 진영에서 광신주의는 더욱 확산할 것이다. 이성적인 믿음이 없는 인간은 너무나 깊은 두려움에 증오할 대상을 만들 수밖에 없으며, 그때 자신의 가치에 대한 유일한 확인은 그의 적들이 그러한 가치를 가지고 있지 않다고 비난하는 데 있다. 그렇게 그는 자신의 결핍을 "적"에게 투사한다. 우리는 공산주의자들을 물질만능주의자라고 비난함으로써 우리의 가치를 확인하려 하지만, 우리도 똑같이 물질만능주의적이라는 사실은 잊고 있으며, 악의 화신인 악마를 만들어 낸다고 해서 우리가 덜 물질만능주의적이 되는 것은 아니다. 이 메커니즘을 사용하면 기분이 나아지고 자기 의심으로부터 자신을 보호

할 수는 있지만, 자기 내면의 변화 가능성을 말살한다. 이런 의미에서 반공산주의운동은 정치적 위험은 차치하고라도 우리 자신의 인간적 성장 가능성에 막대한 해를 끼친다.

새로운 믿음을 찾는 것—그것이 유신론적이든 무신론적이든—은 쉬운 일이 아니다. 폭력이나 일반적인 증오로는 찾을 수 없다. 타인이나 자신을 비난하지 않고 자신과 마주할 용기가 있을 때만 가능한 일이다. 하지만 이것만으로는 충분하지 않다. 죽음에 대한 사랑에 호소하는 삶이 아니라 진정으로 삶에 대한 사랑을 끌어낼 수 있는 삶을 만들어야 한다. 살아가는 과정 자체가 단순히 생계를 유지하는 것이 아니라 개인에게 매우 흥미로운 것이 되어야 한다. 이는 우리의 실질적인 가치관뿐만 아니라 사회경제적 구조도 근본적인 변화가 필요하다. 경제적 목표, 이윤 그리고 '조직'은 인간의 지배자이기를 멈추고 인간의 하인이 되어야 한다.

2. 우리는 아직 제정신일까?

만약 두 사람이 그들의 아내와 자녀를 포함하여 도시 거주자의 4분 1을 죽일 장치를 실험하는 것에 대해 냉철하게 이야기하고, 더 나아가 그렇게 하지 않는다면 다른 녀석이 먼저 실험을 할까 봐 이 위험을 감수해야 한다는 이유를 댄다면, 게다가 그가 신을 믿고 아이들을 때렸기 때문에 신뢰할 수 없다고 말한다면, 그들은 분명히 위험한 정신병자로 정신병원으로 보내져 엄격한 감시를 받게 될 것이다. 우리도 똑같은 방식으로 행동하고 있다는 것을 알고 있나?

오늘날 인간은 어디에 있나?

최근(1965년) 한 민방위 관계자는 미국에 대한 첫 번째 핵무기 공격으로 4,990만 명(가격표 방식으로 숫자를 정하는 것에 주목하라)이 죽을 수 있다고 선언하고, 핵전쟁의 '위험'이라는 용어를 써 가며 이 가능성에 대해 계속 이야기했다. **우리는 아직 제정신인가?**

우리의 민방위 계획은 핵 공격 시 대도시에서 대규모 대피를 상정하고 있다. 하지만 대륙 간 탄도 미사일이 발사되면 대피에 주어진 시간은 15분도 채 되지 않는다는 것을 우리는 알고 있다. **우리는 아직 제정신인가?**

서방과 러시아의 외무부 장관들은 제네바에서 6주 동안 회담을 했지만, 양측 모두 서로에게 받아들일 수 없다는 것을 알고 있는 제안들만 내놓았다. 합의에 도달하지 못하는 그들의 무능력은 인류를 핵폭탄 홀로코스트라는 구렁텅이로 한 걸음 더 가까이 밀어붙이고 있다. **우리는 아직 제정신인가?**

소아마비나 '독감이 유행하는' 경우 우리 모두가 자신과 자신의 가족을 보호하기 위해 최선을 다한다. 우리 자신과 인류에게 가장 큰 위협에 대해서는 거의 반응하지 않고, 수동적이며 침묵을 지킨다. **우리는 아직 제정신인가?**

우리가 지적이고, 문해력이 뛰어나고, 선의의 의도를 가진 사람임에도 불구하고, 우리 자신과 가족이 잿더미로 되는 것을 막기 위해 할 수 있는 모든 것을 다하는 가장 자연스러운 반응조차 보이지 않는다는 것을 어떻게 설명할 수 있을까? 더 나아가 문명 전체의 파괴를 막는 것은 말할 것도 없고.

이것들은 당황스러운 질문이지만, 현대 산업 사회에서 개인들의 상황을 고려한다면 답을 찾을 수 있다.

오늘날 인류는 어디에 있는가? 미국에는 여전히 수백만 명이 품위 있는 인간다운 삶을 영위하기 위한 수준에 못 미치는 생활을 하고 있다. 나머지 인류, 특히 아시아와 아프리카의 사람들은 미국인 평균 소득의 5%, 기대수명의 절반밖에 되지 않는다. 하지만, 우리는 미국에서 100년 전에는 기적처럼 보였던 물질적 부를 달성했다. 노동자의 생활 수준은 주로 노동조합의 활동 덕분에 상당히 향상되었으며, 노동시간은 주당 70시간에서 40시간으로 단축되었다. 자동차·라디오·TV·냉장고 등 온갖 기기들은 이제 일반인들도 손쉽게 구할 수 있게 되었다. 우리 조상들이 이렇게 풍요롭고 여유로운 삶을 꿈꾸었을 때, 그들은 그것을 **목적을 달성하기 위한 수단**으로 생각했다. 그 목적은 인간이 행복하고 부유한 삶을 사는 것이었고, 그 삶 속에서 자신의 모든 인간적 능력과 힘을 발휘하여, 진정으로 독립적이고 자긍심 있는 개인이 되는 것이었다. 하지만 어떻게 되었나?

수단이 목적이 되어 버렸다. 우리는 생산하기 위해 생산하고, 소비하기 위해 소비한다. 우리는 자유·이상·신에 대해 많이 이야기하지만, 사실 우리의 주된 관심사는 순전히 물질적이고 이기적이며, 우리는 점점 작은 자동인형이 되어 가고 있으며, 각자는 거대한 생산과 소비라는 거대한 조직이라는 기계 속의 작은 톱니바퀴일 뿐이다. 우리의 주요 관심사는 물건을 만들고 소비하는 것이며, 그 과정에서 우리 자신도 물건으로 변하게 된다. 우리는 인간처럼 행동하는 기계를 만들고, 결국 기계처럼 작동하는 인간이 된다.

자본의 집중은 위계적으로 조직된 관료제에 의해 관리되는 거대 기업의 형성을 가져왔다. 수많은 노동자들이 함께 일하며 거대한 조직화된 생산 기계의 일부가 된다. 이 기계가 제대로 작동하기 위해서는 마찰이나 중단 없이 원활하게 돌아가야만 한다. 개별 노동자나 사무직 노동자는 이 기계의 톱니바퀴가 되며, 그들의 기능과 활동은 그들이 일하는 조직의 전체 구조에 의해 결정된다. 대기업에서는 생산수단에 대한 법적 소유권과 경영권이 분리되어 그 중요성을 잃게 되었다. 대기업은 법적으로는 아니지만 사회적으로 장악한 관료적 경영에 의해 운영된다. 이 관리자들은 기존 소유주가 지녔던 자질인 개인의 주도성, 대담함, 위험 감수 등이 아니라, 관료의 자질, 즉 개성의 부족, 비인격성, 신중함, 상상력의 부족 등을 지니고 있다. 그들은 물건과 사람을 관리하며, 사람을 물건처럼 대한다.

관료적으로 관리되는 조직은 점점 더 전자 컴퓨터의 작동 방식을 닮아 가고 있다. 수천 건의 데이터가 조직에 입력되고, 관료 조직은 경제성과 효율성에 따라 이를 처리하며, 내려진 결정은 입력된 데이터와 그것을 처리하는 과정의 기본 원칙들에 따른 논리적 결과이다. 관료 중 누구도 계획은커녕 비전조차 없다. 그는 관료적 기계가 그들에게 내리는 결정을 실행할 뿐이다.

우리는 경영 관료들에 의해서만 지배를 받는 것이 아니다. 시민으로서 우리는 정부 관료들과 군대 관료들에 의해서도 지배받고 있으며, 노동조합 지도자들조차도 종종 관료화되어 경영자가 회사를 운영하는 방식과 똑같이 조직을 운영하고 있다.

민주주의의 운명

사람에 대한 관료주의적 관리로 인해 민주적 과정은 형식적인 의례로 변질되었다. 노조 회의든, 대기업 주주총회든, 정치 선거든 개인은 결정을 내리고 의사 결정에 적극적으로 참여할 수 있는 거의 모든 영향력을 상실했다. 특히 정치 영역에서는 선거가 점점 더 두 명의 전문 정치인 중 한 명에 대한 선호를 표명할 수 있는 국민투표로 축소되고 있으며, 기껏해야 본인의 동의에 따라 통치받고 있다는 것이다. 이 동의를 이끌어 내는 수단은 암시와 조작이며, 그럼에도 평화와 전쟁에 관련된 외교 정책과 같은 가장 근본적인 결정들은, 보통 시민이 거의 알지 못하는 소수 집단에 의해 내려진다.

8시간의 노동시간 동안 개인은 생산팀의 일원으로 관리된다. 8시간의 여가시간 동안 그는, 자신이 좋아하라고 강요받은 것을 좋아하지만 마치 자신의 취향을 따르는 것처럼 착각하는 완벽한 소비자로 관리되고 조작된다. 그는 끊임없이 쏟아지는 구호와 암시, 비현실적인 목소리에 시달리며, 그것들은 그에게 그나마 아직 남아 있을지 모를 마지막 현실감마저 빼앗아 간다. 어린 시절부터 진정한 신념은 억제된다. 비판적 사고는 거의 없고 진정한 감정도 거의 없다. 따라서 개인이 견딜 수 없는 외로움과 상실감을 피할 수 있는 유일한 방법은 타인들과의 동조뿐이다.

개인은 자신의 힘과 내적 풍부함을 능동적으로 지닌 주체로서 자신을 경험하는 것이 아니라, 오히려 자신이 살아 있는 실체를 외부의 힘들에 투사해 버린 채 그 힘들에 의존하는 보잘것없는 '사물'로 자신을 경험한다. 인간은 자기 자신으로부터 소외되어, 자신의 손으로 만든 결과물 앞에 절을 한다. 그는 자신이 생산한 것들 앞에, 국가 앞에, 그리고 자신이 만든 지도자 앞에 절한다.

그 결과 평범한 사람들은 불안하고, 외롭고, 우울해지고, 기쁨의 결핍으로 고통받는다. 우리가 기쁨이 없고 무의미한 삶을 견딜 수 있는 이유는, 이 시스템이 텔레비전부터 정신 안정제에 이르기까지 끊임없이 도피처를 제공하여, 우리가 삶에서 점점 더 많은 가치 있는 것을 잃어 가고 있다는 사실을 잊게 해 주기 때문이다. 모든 반대 구호에도 불구하고, 우리는 잘 먹고 잘 돌봐지지만 인간성을 잃고 우울해진 대중을 관리하는 관료들이 지배하는 사회로 빠르게 다가가고 있다. 이는 인간이 자신의 삶에 대한 의지를 주장하는 것조차 잊어버리고, 전면적인 파괴를 가져올 전쟁의 위험으로부터 자신과 가족을 지키려 하지 않게 되었음을 의미한다. 그는 전문가인 관료들에게 해결책을 맡겨 버리고, 자신의 주장을 들으라고 목소리를 높이지 않는다.

그러나 이것이 바로 오늘날 필요한 것이다. 민주주의는 조작된 동의의 시스템이 아니라, 각 시민이 의사 결정에 적극적이고 책임감 있게 참여하는 시스템이다. 민주주의는 오늘날처럼 라디오와 신문을 통해 소통을 하고 있는데도 잘못된 정보에 현혹되지 않고 충분한 정보를 얻는 시스템이다. 민주주의는 정치인의 인기가 영화배우의 그것과 같은 것이 되는 시스템이 아니라, 그의 능력과 현실성, 그의 지성과 상상력에 기반해야만 하는 시스템이다.

우리 모두가 깨어나 생각하고 느끼며, 자동인형처럼 사는 것을 멈춘다면 이 막다른 골목에서 빠져나올 길은 있다. 우리가 민주주의를 말로만 그치는 것이 아니라 실제로 실현한다면, 벗어날 길은 있다. 관료주의적 경향을 뒤집어, 상급 관료들이 해답을 가지고 있다고 말하는 대신, 풀뿌리에서부터 아이디어·제안·요구가 나오도록 한다면 벗어날 길은 있다.

오늘날 인간은 지금까지 내려야 했던 선택 가운데 가장 중요한 문화적 선택의 기로에 서 있다. 즉 자신의 기술과 지성을 사용해 비록 낙원은 아닐지라도 인간의 잠재력이 가장 충만하게 실현될 수 있는 기쁨과 창조성이 넘치는 세상을 만들 것인지, 아니면 핵폭탄이나 지루함과 공허함으로 스스로 소멸해 가는 세상을 만들 것인지 선택해야 한다. 인간은 스스로를 주장해야 한다. 에머슨의 말처럼 **오늘날 사물들이 안장에 올라 인간을 지배하고 있다. 우리의 과제는 온전하고 진지하며 자립적인 인간을 다시 안장 위에 올려놓는 것이다.**

3. 정상적인 것이 당신을 아프게 할 때

어떤 문화권에서든 인간의 모습은 언제나 인간 본성의 발현이며, 다만 그 구체적인 결과는 그가 살아가는 사회적 제도에 의해 결정된다. 유아가 태어날 때 유리한 사회·문화적 조건 아래서 발달할 모든 잠재력을 가지고 태어나는 것처럼, 인류 또한 역사적 과정에서 잠재력을 최대한 발휘하는 존재로 발전해 나간다.

규범적 휴머니즘은 다른 모든 문제와 마찬가지로 인간 존재의 문제에도 옳고 그름, 만족스러운 해결책과 불만족스러운 해결책이 존재한다는 전제에 기반한다. 정신 건강은 인간이 인간 본성의 특성과 법칙에 따라 완전히 성숙한 상태에 도달할 때 달성된다. 정신 질환은 이러한 발달의 실패를 의미한다. 이런 전제에서 **정신 건강의 기준**은 주어진 사회 질서에 대한 개인적 적응이 아니라, 모든 인간에 대한 유효한 보편적인 기준으로서, 인간 존재의 문제에 만족스러운 해답을 제시하는 것이다.

사회 구성원들의 심리 상태를 기만하는 가장 큰 원인은 그들의 생각concept에 대한 "합의된 타당성"에 있다. 대다수의 사람들이 특정 아이디어나 감정을 공유한다는 사실이 이러한 아이디어나 감정의 타당성을 입증한다고 순진하게 가정하고 있다. 이는 전혀 사실이 아니다. 합의된 타당성 그 자체는 이성이나 정신 건강과 아무런 관계가 없다. '두 사람의 광기'가 있듯이 '수백만 명의 광기'도 있다. 수백만 명이 같은 악덕을 공유한다고 해서 그 악덕이 미덕이 되는 것은 아니며, 그들이 많은 오류를 공유한다고 해서 그 오류가 진실이 되는 것도 아니며, 수백만 명이 같은 정신 병리를 앓는다고 해서 그들이 제정신인 것도 아니다.

사회적으로 형성된 결함

하지만 개인적 정신 질환과 사회적 정신 질환 사이에는 현저한 차이가 있으며, 이는 **결함**과 **노이로제**(신경증)라는 두 개념 사이에 차이가 있다는 사실을 시사한다. 자유와 자발성이 모든 인간이 추구해야 할 객관적인 목표라고 가정할 때, 어떤 사람이 자유와 자발성을 획득하지 못하고 진정으로 자신을 표현하는 데 실패한다면, 그 사람은 심각한 결함을 지닌 것으로 볼 수 있다. 어떤 특정한 사회에서 대다수 구성원들이 이 목표를 이루지 못한다면, 우리는 **사회적으로 형성된 결함**이라는 현상을 다루게 된다.

개인은 이러한 결함을 다른 많은 사람들과 공유하고 있으며, 그것을 하나의 결함으로 인식하지 않는다. 또는 배척된 존재가 된 것처럼 느끼는 다름의 경험이 자신의 안정감을 위협하지도 않는다. 그는 자신이 풍요로움이나 진정한 행복감의 상실로 인해 느끼는 감정을 **그가 알고 있는 다른 사람들**과 어울린다는 안정감으로 채운다. 사실, 바로 그 결함이 문화에 의해 하나의 미덕으로 승화되어 오히려 그의 성취감을 더욱 높여 줄 수도 있다.

이에 대한 하나의 예는 칼뱅의 교리가 인간들에게 불러일으킨 죄책감과 불안감을 들 수 있다. 자신의 무력감과 무가치함에 압도당하고, 구원받았는지 영원한 형벌에 처해졌는지 끊임없이 의심하며, 진정한 기쁨을 누리기 어려운 사람은 심각한 결함이 있다고 할 수 있다. 하지만 바로 이 결함은 문화적으로 형성된 것이었다. 오히려 그것은 특별히 가치 있는 것으로 여겨졌기 때문에, 개인은 같은 결함이 깊은 무력감과 고립감을 안겨 주는 문화에서 얻을 수도 있었던 노이로제로부터 보호받을 수 있었다.

오늘날 우리는 자동인형처럼 행동하고 느끼는 사람들을 만난다. 그는 진정으로 자신의 것이라고 생각하는 것을 전혀 경험하지 못하고, 자신이 되어야 한다고 생각하는 사람 그대로 자신을 경험한다. 인위적인 미소는 진정한 웃음을, 의미 없는 잡담은 소통하는 대화를, 무감각한 절망은 진정한 고통을 대신한다.

이 사람에 대해 두 가지를 말할 수 있다. 하나는 그가 고칠 수 없을 것처럼 보이는 자발성과 개성의 결함을 앓고 있다는 것이다. 동시에 그는 같은 처지에 있는 수백만 명의 다른 사람들과 본질적으로 다르지 않다고 말할 수도 있다. 대부분의 사람들에게 문화는 **결함을 가지고도 병에 걸리지 않고 살 수 있는** 패턴을 제공한다. 마치 각 문화가 그 문화가 만들어 낸 결함의 결과로 겉으로 드러난manifest 노이로제 증상의 발병을 막는 치료제를 제공하고 있는 것과 같다.

우리의 서구 문화에서 영화, TV, 스포츠 경기, 신문이 단 4주 동안 그 기능을 멈춘다고 해 보자. 이런 주요한 탈출구가 차단되면, 그들 스스로의 힘에 의존해야 하는 사람들은 어떻게 될까? 나는 이 짧은 기간에도 수천 건의 신경쇠약이 발생하고, 훨씬 더 많은 사람들이 임상적으로 '노이로제'로 진단되는 것과 다르지 않은 극심한 불안 상태에 빠지리라고 확신한다. 사회적으로 형성된 결함에 대한 아편제가 사라진다면, 명백한 질병의 모습이 드러날 것이다.

나는 다양한 학년의 학부생을 대상으로 다음과 같은 실험을 진행했다. 나는 학생들에게 '좋은' 문학 작품, 평범한 음식 그리고 모든 신체적 편의 시설이 제공되지만, 라디오나 현실 도피용 문학 작품 없이 3일 동안 자신의 방에 혼자 머물러 있는 상황을 상상해 보라고 했다. 그리고 이 경험에 대한 반응이 어떨지 상상해 보라고 했다. 각 그룹에서 약 90%의 반응은 극도의 공포감으로부터, 긴 잠을 자거나 자잘한 집안일을 하면서 이 기간이 끝나기만을 기다림으로써 겨우 견뎌 낼 수 있을 만큼 몹시 힘든 경험이 될 것이라는 느낌에 이르기까지 다양했다. 극소수만이 혼자 있는 시간을 편안하게 받아들이고 그것을 즐길 수 있을 것이라고 느꼈다.

소수에게는 문화가 제공하는 패턴이 효과가 없다. 이들은 대개 평범한 사람보다 개인적 결함이 더 심각하기 때문에 문화적으로 제공되는 치료제로는 겉으로 명백한 질병의 발병을 막는 데 충분하지 않은 사람들이다.(인생의 목표가 권력과 명예를 얻는 것인 사람을 예를 들어 보자. 이런 목표 그 자체가 병적인 것이지만, 자신의 능력을 현실적으로 사용하여 목표를 달성하는 사람과 유아적인 과대망상에 벗어나지 못하고 목표 달성을 위해 아무것도 하지 않고 기적이 일어나기만을 기다리면서 점점 더 무력감을 느끼며 결국 허무함과 비통함에 빠지는, 더 심각한 병에 걸린 사람 사이에는 분명한 차이가 있다).

그러나 성격 구조가 대다수와 다르고 그로 인해 갈등이 대다수와 다르기 때문에 그들 동료 대부분에게 효과적인 치료법이 그들에게 도움이 되지 않는 사람들도 있다. 이런 부류의 사람들 중에는 때때로 대다수보다 더 성실하고 예민한 사람들을 발견하는데, 그들은 바로 이러한 이유로 문화적 아편제를 받아들이지 못하면서도 동시에 ‘흐름을 거슬러’ 건전하게 살아갈 만큼 강하고 건강하지도 못하다.

정상성의 병리학

노이로제와 사회적으로 형성된 결함의 차이 때문에 사회가 명백한 증상의 발병에 대한 치료법만을 제공한다면 모든 것이 잘 풀리고, 사회가 만들어 낸 결함이 아무리 크더라도 원활하게 기능할 수 있다는 인상을 줄 수 있다. 그러나 역사는 그렇지 않다는 것을 보여 준다.

실제로 인간은 동물과 달리 거의 무한한 적응력이 있다. 거의 모든 것을 먹을 수 있으며 어떤 기후에서도 살고 적응할 수 있는 것처럼, 인간이 견딜 수 없거나 활동을 계속할 수 없는 정신적 상태는 거의 없다. 자유롭게 살 수도 있고 노예로 살 수도 있다. 부유하고 사치스럽게 살 수도 있고 굶주림에 허덕일 수도 있다. 전사로 살 수도 있고 평화롭게 살 수도 있다. 착취자와 약탈자로 살 수도 있고, 협력적이고 사랑이 넘치는 공동체의 일원으로 살 수도 있다. 인간이 살 수 없는 정신적 상태는 거의 없으며 살아가기 위해 이용할 수 없는 것도 거의 없다. 이런 모든 점들을 고려해 볼 때, 모든 인간에게 공통된 본성이라는 것이 존재하지 않는다는 가정을 정당화하는 것처럼 보이며, 이는 결국 생리적·해부학적 의미를 제외하고는 '인간'이라는 종 자체가 존재하지 않는다는 것을 의미한다.

하지만 이 모든 증거에도 불구하고 인류의 역사는 우리가 한 가지 사실을 빠뜨렸음을 보여 준다. 폭군과 지배 집단은 동포를 지배하고 착취하는 데 성공할 수는 있지만, 이러한 비인간적인 대우에 대한 **반발**을 막을 수는 없다. 그들의 피지배자 subject들은 두려워지고 의심을 품게 되고 고독해지며, 외부적인 요인이 아니더라도, 결국에는 두려움·의심·고독이 대다수의 사람들을 효율적이고 지능적으로 기능할 수 없게 만들어 체제가 붕괴하게 된다. 국민 전체 또는 그 안의 사회 집단은 오랫동안 억압받고 착취당할 수 있지만, **그들은 반발하게** 된다.

그들은 무관심으로 반응하거나, 지능·주도성·기술이 심각하게 손상되어 점차 지배자들을 떠받쳐야 할 기능을 수행하지 못하게 된다. 또는 증오와 파괴심이 쌓여 결국 자신들뿐만 아니라 지배자들과 그 체제까지도 파멸로 이끌게 된다.

그들의 반발은 다시 한번 독립성과 자유에 대한 갈망을 불러일으켜 그들의 창조적 충동을 기반으로 더 나은 사회가 건설

될 수도 있다. 어떤 반발이 나타날지는 경제적이고 정치적 요인뿐만 아니라, 사람들이 살아가는 정신적 환경 등 여러 요인에 달려 있다.

하지만 어떤 반발이 일어나든 간에, 인간이 거의 모든 조건에서 살 수 있다는 주장은 절반만 맞는 말이다. 그 말은 다음과 같은 다른 절반의 진실로 보완되어야 한다. 즉 인간이 자신의 본성과 인간의 성장 및 건전한 삶에 필요한 기본적인 요건에 반하는 환경에서 살아간다면, 인간은 반발할 수밖에 없다는 것이다. 인간은 퇴화하여 소멸해야 하거나, 자신의 필요에 더 부합하는 조건을 만들어 내야만 한다.

제2부

왜 전쟁인가?

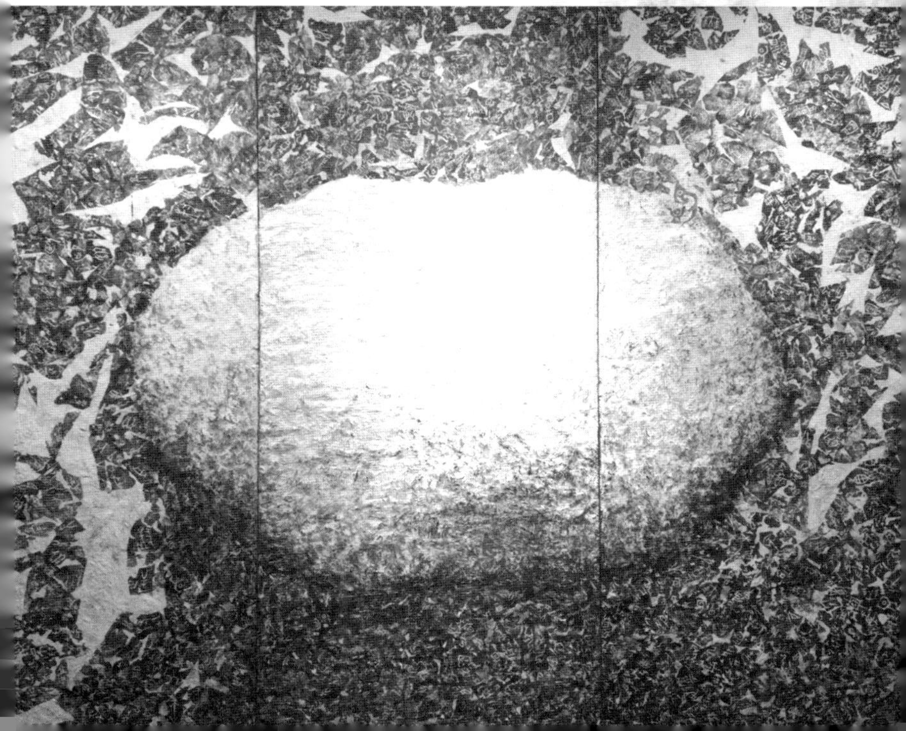

오늘날 상황에서 누군가가 전쟁으로 자신의 문화를 지키려 한다면, 그는 자신의 가치도, 심지어 자신의 생명조차도 지키지 못할 것이다. (에리히 프롬, 『하나된 세계를 위한 조건으로서의 새로운 휴머니즘』, 1992, 79쪽)

1. 인간 파괴성의 생물학적·사회적 뿌리

인간의 파괴성의 뿌리가 생물학적인 것이지 또는 사회적인 것인지에 대한 문제는 여러 세대에 걸쳐 두 대립 진영 간의 융통성이라고는 전혀 없는 격렬한 논쟁의 대상이었다. 한쪽은 인간의 공격성의 뿌리가 본능에 있다고 주장하는 본능주의자들이었고, 다른 쪽은 인간의 공격성이 인간의 삶과 사회적 조건의 결과라고 주장하는 환경이론가들이 있었다.

본능이론 혹은 환경이론 ― 잘못된 양자택일

이 논쟁의 역사는 상당히 복잡하다. 찰스 다윈부터 대략 1920년대 중반까지는 본능주의 학파가 절대적인 우위를 점했던 것 같다. 미국에서 본능주의 학파의 가장 중요한 인물은 윌리엄 제임스William James와 윌리엄 맥두걸William McDougall이었다. 하지만 최근에는 누구보다도 콘라트 로렌츠Konrad Lorenz가 주도하고 있는 신본능주의가 등장하여 인기를 끌고 있다. 환경이론은 이미 프랑스 혁명, 더 정확히 말하면, 혁명 이전의 계몽주의 철학에서 시작되었다. 계몽주의는 본능주의적 관점에 대항하여 모든 것은 선천적인 것이 아니라 환경에 의해 결정된다는 의견을 주장했다. 심지어 남녀를 구분하는 특성은 없다는 주장도 있었다. 즉 영혼에는 성별이 없다l'âme n'a pas de sexe는 것이다. 남녀 간에는 해부학적 차이만 있을 뿐 심리적인 차이는 없다는 것이다. 이 이론은 매우 선구적인modern 것처럼 들리지만, 찰스 다윈 이후 본능주의에 의해 대체되었다.

그러나 1920년대에 환경이론은 다시 인기를 얻었다. 이 이론은 버러스 프레더릭 스키너(스키너, 1953; 1971 참조)의 신행동주의 형태로 미국 대부분의 대학은 물론 어느 정도는 소련에서도 심리학의 지배적인 이론으로 발전했다. 하지만 스키너의 이론은 계몽주의 시대의 환경이론과 본질적으로 다르다.

계몽주의 환경이론은 인간은 그가 살고 있는 사회 형태를 통해 형성된다고 믿었다. 이는 정치적으로는 진보적인 이론으로 다음과 같은 내용을 의미한다. 즉 사회 형태와 그에 따른 사회 구조가 개인에게 좋은 삶을 가능하게만 한다면, 인간은 본래 선한 경향을 지닌 타고난 능력을 발전시킨다는 것이다.

이에 반해 신행동주의는 사회 구조에는 관심을 두지 않는다. 그것은 본래 사람들을 조정하기 위한 이론 또는 기법이기 때문이다. 신행동주의는 사람의 내면에서 실제로 무슨 일이 일어나고 그것의 동기가 무엇인지에 관심을 둔 과학적 이론보다는 사람을 관리하고 그 영향력을 행사하는 데 더 중점을 두고 있다. 앞서 언급했듯이, 이 신행동주의 이론은 여전히 매우 주목받고 있는데, 오늘날 처음으로 로렌츠의 본능주의(생물학)와 스키너의 신행동주의(환경)라는 두 이론이 정면으로 대립하고 있다.

이 강연에서 나는 이 두 가지 대안이 꼭 필요하다고 생각하지 않다는 것과 아래에서 설명하고자 하는 다른 가능성이 있다는 것을 말하고자 한다. 내 생각으로는 이 융통성 없는 논쟁은 옳지 않으며, 이는 양측 모두 "공격성"이라는 용어를 지나치게 포괄적으로 사용하고 있다는 사실과 관련이 있다. 본능주의자와 행동주의자 모두 타인에게 해를 끼치거나 사물을 손상시키는 행위, 즉 해를 끼치는 모든 행위를 공격성이라고 불렀다. 어떤 사람이 자신의 생명을 지키기 위해 타인을 죽이거나, 돈 때문에 또는 심지어 살인의 쾌락을 위해 타인은 죽이든 간에, 이 모든 행위는 "공격성"이라는 개념으로 이해된다. 이러한 개념의 확장은 심지어 일부 정신분석학 문헌에서는, 농부의 쟁기질조차 인간의 공격성 표현으로 해석하는 데까지 나아가기도 한다. 즉 쟁기질로 땅이 뒤흔들린다는 것이다. 그러니까 쟁기로 땅을 공격한다는 것이다.

본질적으로 다른 사실들을 하나의 개념으로 표시하고 설명하려 한다면 필연적으로 오류를 범할 것이다. 서로 다른 개념들은 각각 다른 방식으로 설명되어야 한다. 따라서 나는 **선의적 공격성과 악의적 공격성을 구분하고, 악의적 공격성을 "파괴성"이라고 부를 것을** 제안한다. 아래에서는 내가 말하는 선의적 공격성과 악의적 공격성의 의미를 설명하겠다.

선의적 공격성

선의적 공격성이란, 주로 생명체가 먹이, 영역, 동물 및 인간의 이성과의 접촉, 자손과 어린이에 대한 보호와 같은 생존에 필수적인vital 중요한 일이 위협받을 때 반응하는 것을 의미한다. 객체의 생존에 봉사하는 이러한 생존에 필수적인 중요한 일이 위협받으면, 계통발생학적으로 프로그램된, 다시 말해 본능적인 반응이 나타난다. 즉 위협을 방어하기 위해 공격성이 발동된다. 이러한 공격성은 대체로 그 위협이 사라지면 멈춘다.

내가 알기로는 발터 루돌프 헤스Walter Rudolf Hess가 이러한 맥락에서 "방어적 반응"이라는 용어를 처음으로 사용했다. 그는 이 용어를 사용하여 이러한 유형의 공격성과 도피 충동의 방어적 성격을 나타내고자 했다. 그는 자신의 실험적·이론적 신경생리학 연구를 통해, 특히 방어적 공격성의 신경생리학적 근원에 관해 현재 정설로 여겨지는 많은 지식을 알아냈다. 아마 여러분 대부분이 이미 잘 알고 있을 테니 자세히 설명할 필요가 없을 것이다.

나는 방어적인, 선의적 공격성에 대한 또 다른 기준을 추가하고 싶다. 그것은 생물학적으로 적응되어 있다는 것이다. 그러므로 그것은 객체와 종의 생존에도 기여한다. 이런 의미에서, 내가 여러분께 덧붙여 말하고 싶은 것은, 모든 본능과 마찬가지로 방어적 공격성은 합리적이라는 사실이다. 왜냐하면 그것은 자신이 작용하는 생명체의 계통System(이 경우에는 특정 종種의 생존 계통)을 촉진하고 유지하는 데 기여하기 때문이다. 이러한 목적성을 가지고 방어적 공격성은 진화 과정 속에서 형성되어 왔다.

특히 지그문트 프로이트의 사상과 관련하여 오늘날 본능적인 것, 즉 "이드Es"가 비이성적이라고 말한다. 나는 생물학적·진화론적으로 이해되는 본능이라는 개념에 대해서는 결코 그렇게 말할 수 없다고 생각한다. 특히 인간의 경우 본능은 합리적이다. 미리 말하자면, 인간을 그렇게 비이성적으로 만드는 것은, 그가 본능에 의해 결정되지 않는다는 사실이다. 이런 의미에서는 동물이 인간보다 훨씬 합리적이다. 여기서 "합리적"이라는 개념은 사고 능력을 의미하는 것이 아니라, 전체 시스템의 범위 안에서 행동의 합목적성을 의미한다. 합리적이라는 개념에 대한 이러한 견해는 철학적이다.

방어적인 선의적 공격성은 위협이 멈추면 사라진다. 이 공격성은 인간과 동물 모두에게서 나타나지만, 중요한 차이점이 있다. 이 차이점은 선의적 공격성을 이해하는 데 매우 중요하다. 인간의 경우 선의적 공격성이 동물의 경우보다 훨씬 더 두드러지게 나타난다. 즉 인간에게서 훨씬 더 큰 역할을 한다는 것이다. 그 이유는 아래의 세 가지이다.

첫째, 인간은 지금 당장은 아니지만 1년 후 닥칠 위험을 예측할 수 있다. 따라서 인간은 현재 직면한 사건들뿐만 아니라 훨씬 나중에 일어날 수 있는 사건들로 인해 위협을 느끼며, 이를 그의 이성으로 예측할 수 있다. 이 점은 (동물과 비교했을 때) 인간이 위협받고 있다는 느낌을 확장하는 데 매우 큰 역할을 한다.

둘째, 인간의 경우 그가 실제로는 전혀 위협받고 있지 않더라도 자신이 위협받고 있다고 암시를 받을 수 있다. 동물에게는 이런 암시성은 존재하지 않는다. 대부분의 전쟁은 정부가 자국민에게 "우리는 위협받고 있다!"라고 암시하면서 촉발된다는 사실을 우리 모두는 잘 알고 있다. 포위 공격이든 다른 표현이든, 전쟁에 나설 수 있도록 사람들의 공격적인 에너지를 동원하려면 먼저 그들에게 "우리는 위협받고 있다!"라고 믿게 만들어야 한다. 물론 때로는 이것이 사실일 수도 있다. 결코 스스로 전쟁을 시작하지 않는 나라들도 있다. 전쟁이 전혀 무의미하기 때문이다.

아주 많은 침략 전쟁들은 위협에 대해 언급하는 것으로 시작되었다. 잘 알려진 것처럼, 히틀러는 2차 세계 대전에서 슐레지엔Schlesien에 있는 독일 라디오 방송국을 폴란드인이 공격했다고 주장하며 조작해야만 했다. 이는 독일 국민에게 폴란드가 독일을 위협하고 있다는 것을 보여 주기 위한 것이었다. 하지만 이는 완전히 터무니없는 주장이었다. 그럼에도 불구하고, 국민의 방어적 공격성을 동원하기 위해 그 조작은 불가피했다. 실제로 독일 국민은 제1차 세계 대전 초기와는 달리, 제2차 세계 대전이 시작될 당시에는 매우 냉담하고 열의 없이 참여했을 뿐이다.

인간에게 방어적 공격성이 동물보다 더 중요한 세 번째 이유는 다음과 같다. 즉 인간은 동물과는 달리 생존에 필수적인 이해관계를 가지고 있는데, 그것은 인간의 정신적 삶에 매우 중요한 상징·가치·제도이다. 어떤 사람이 자신의 전반적인 정신적 구조를 유지하기 위해 신·제도·상징 등 그 무엇을 필요로 한다면, 그 상징과 제도, 또는 더 높은 가치에 대한 공격은 그의 생명에 대한 위협만큼이나 심각한 위험이 된다. 하지만 인간과 동물에게 내재된 동일한 공격 본능은 동물보다 인간에게서 훨씬 더 광범위하게 나타난다. 이는 동물에게는 발생하지 않는 상황까지 포괄한다. 따라서 동물은 본질적으로 현재 직면하고 있는 생존에 필수적인 중요한 이익, 즉 실제로 동물이 가진 모든 본능적 욕망과 관련된 위협에만 반응한다.

악의적 공격성으로서의 파괴성

그렇다면 **악의적 공격성**이나 **파괴성**은 무엇을 의미하는가? 나는 그것을 무엇보다도 파괴하고 고통을 가하는 데서 느끼는 쾌락Lust으로 이해한다. 인간에게 특유한 이 점에 대해서 나는 콘라트 로렌츠의 가장 중요한 동료이자 대체로 로렌츠보다 훨씬 신중하고 비판적인 니코 틴베르겐Niko Tinbergen을 인용하고자 한다. 그는 "인간은 대량 학살을 자행하는 유일한 종이다"(틴베르겐, 1968, 1,412쪽)라고 말했다. 이 저자에 따르면 바로 이 점이 인간을 다른 모든 동물종과 구별 짓는다. 역사는 우리에게 이에 대한 끔찍한 기록을 제공하고 있다. 파괴에 대한 쾌락, 고통을 가하는 데서 느끼는 쾌락은 분명히 하나의 동기로서 일정한 역할을 했다.

> 1) 우리는 오늘날에도 여전히 고통을 가하는 데서 쾌감을 느끼는 경우를 볼 수 있다. 예를 들어 아동을 학대하는 경우가 그것인데, 이는 여전히 너무 적은 관심을 받고 있다. 통계로 보면 그 수치는 그리 크지 않다. 하지만 통계에 어떤

유형의 학대가 발견될까? 아동 학대 중 극히 일부만이 경찰에 알려지며, 대중은 가장 극단적 사례만 알게 된다. 그러나 아동에 대한 더 은밀한 학대와 괴롭힘을 한 번 자세히 들여다본다면, 인간에게서 파괴적 공격성이 어떤 역할을 하는지를 보여 주는 증거를 발견할 수 있다.

2) 악성적·악의적 공격성, 즉 파괴성의 두 번째 기준은 그것이 **쾌락을 동반**lustvoll한다는 사실이다. 이 기준이 중요한 이유는 방어적 공격성이 그 자체로 쾌락적이지 않고, 목표 지향적이기 때문이다. 방어적 공격성은 — 이 점에서는 포식자의 경우와 유사하게 매우 구체적인 목표가 있는데, 그것은 공격을 통해 위협을 방어하는 것이다. 그러나 이러한 공격성은 쾌락에서 비롯되지 않으며, 쾌락을 동반하지도 않는다.

3) 또 다른 요인으로 추가할 수 있는 것은, 파괴성은 반응적이지 않고 영구적이라는 사실이다. 다시 말해, 잔인한 사람이 잔인해지는 것은 어떤 특정한 자극이 그를 잔인하게 만들기 때문이 아니다. 잔인성은 항상 그에게 존재한다. 그는 기회가 주어질 때마다 그것을 실현한다. 이는 마치 구두쇠가 인색하게 행동할 기회가 생기면 언제나 인색한 것과 마찬가지이다.

4) 더 나아가 파괴성은 생물학적으로 적응된 것이 아니라 오히려 그 반대라는 사실이다. 파괴성은 종 전체에 대해서뿐만 아니라 개별 인간에게도 생물학적으로 해롭다. 이는 굳이

증명할 필요도 없다. 의학적·심리치료적 관점에서 볼 때, 파괴성은 정신적으로나 신체적으로 인간을 손상시키는 성질이 있다고 알려져 있다. 만약 어떤 환자가 의사에게 와서, "선생님, 저는 아내도 싫고 아이들도 싫고 모든 인간이 싫어요. 모두 죽이고 싶어요"라고 말한다면, 그는 어느 정도는 이미 스스로 진단을 내린 셈이다. 의사는 그러한 환자에게 인간의 정상적인 정신 구조에 속하지 않는 매우 특수한 것, 즉 악의적 공격성이 있다는 것을 인식하게 된다. 사디즘·탐욕·인색함·야망 등은 파괴적 공격성의 발현으로만 이해될 수 있다. 이러한 특성들은 **그에 상응하는 계통발생학적으로 프로그램된 신경 영역**이 아직 발견되지 않았다. 우리가 방어적 공격성의 신경학적 기질에 대해 많이 알고 있는 것과는 대조적이다.

5) 악의적 공격성, 즉 파괴적 공격성은 방어적 공격성과는 달리 모든 인간에게 보편적으로 나타나지 않는다. 이는 인간과 동물 사이의 차이를 야기할 뿐만 아니라 인간과 인간 간의 차이도 야기한다. 사실 누구나 알고 있듯이 인간 개개인은 파괴적이고 가학적인지 그렇지 않은지의 여부에서 차이를 보인다. 예를 들어 가학적인 사람을 말할 때, 그 사람의 성격이 가학적인 행동을 지향하며, 그의 쾌감의 근거가 자신의 가학성을 발휘하는 데 있다는 것으로 이해한다. 다른 사람들에게는 이러한 경향이 매우 약하게 발달했거나 전혀 존재하지 않는다. 그런 사람들에게는 친절하고, 삶을 사랑

하며, 남을 돕는 태도가 타인과의 관계를 지배하며, 이는 지속적으로 나타나는 경향이다.

동일한 차이가 다양한 사회에서 발견된다. 어떤 사회나 어떤 사회 계층은 가학적이거나 파괴적일 수 있고, 다른 사회나 사회 계층은 생명에 긍정적일 수 있다. 주로 최근 몇 년 동안 출간된, 대략 신석기 시대 초기까지의 인류의 주요 집단이었던 원시 수렵채취인에 관한 문헌에 따르면, 실제로 상대적으로 파괴적 공격성은 거의 존재하지 않았던 것으로 보인다.

인간의 파괴성은 얼마나 태생적인가?

여기서 두 가지 유형의 공격성, 즉 선의적 공격성과 악의적 공격성을 설명하려는 시도는 ─ 이 점에서 콘라트 로렌츠가 어느 정도 옳다 ─ 한 유형의 공격성이 삶을 유지하는 데 기여하며 방어적인 성격을 띠는 반면, 다른 유형의 공격성은 파괴적 성격을 지닌다는 것을 명확히 하고자 한 것이다. 그러므로 콘라트 로렌츠는 "소위" 악에 대해 올바르게 언급했다(로렌츠 1963). (그가 아마도 틀린 부분은 이러한 공격성의 "수력학적 성질"에 대한 그의 이론일 것이다. 지그문트 프로이트처럼 콘라트 로렌츠는 공격성이 성욕처럼 신경학적 조건으로 인해, 마침내 그 어떤 도발이 없더라도 폭발할 때까지 저절로 계속 증가한다고 가정한다. 이러한 가정은 분명히 옳지 않다.) 그러나 로렌츠가 동물 실험으로 설명했듯이, 선의적 공격성은 방어적 기능이 있다는 점은 원칙적으로 확실히 옳다. 이는 인류학적 연구와 사회 발달에 대한 일반적인 관찰을 통해서도 명확히 입증될 수 있다.

그러나 로렌츠와 본능주의자들은 인간의 공격성이 방어적 공격성과 동일하다고 주장한다. 즉 악의적인 공격성조차도 방어적 공격성의 표현일 뿐이라는 것이다. 이 주장에 따르면 대량 학살범과 가학적 행위자도 궁극적으로는 신경생리학적으로 내재된 본능에 근거하는 것으로 이해되어야 할 것이다. 이는 인류가 그렇게 고통받는 이러한 파괴적 행위들이, 방어적 공격성이 인간의 본성에 기초하고 있는 것과 마찬가지로, 본질적으로 피할 수 없다는 것을 의미한다.

이러한 가정(모든 공격성이 본능이라는 생각 — 옮긴이)은 "공격성"이란 용어를 광범위하게 사용함으로써 매우 쉽게 받아들여진다. 만약 공격성이 방어적이며 생명 보존적이기도 하고, 동시에 파괴적이고 고통을 가하는 것이기도 하다면, 첫 번째 유형의 공격성에 대한 설명은 두 번째 유형의 공격성에도 그대로 적용될 것이다. 바로 여기서 중요한 질문이 제기된다. 즉 인간의 그토록 엄청난 파괴성과 고통을 가하려는 성향을 본능에 기인한 것으로 보지 않고, 또한 행동주의적 의미에서 단순한 환경에 기인한 것으로도 보지 않는다면, 우리는 인간의 이 성향을 어떻게 이해해야 하는가?

나는 하나의 가설을 개략적으로 제시해 보고자 한다. 그러나 남아 있는 35분으로는 그 기본적인 아이디어조차 충분히 전개할 수 없기 때문에, 이는 다소 망설이며 하는 시도이기도 하다. 또한 이 가설의 근거가 되는 자료를 여러분에게 보여 줄 수도 없다. 따라서 여러분께 너그러운 이해를 부탁드리며, 내가 나의 저서 『인간 파괴성의 해부학』(1973a)에 보다 구체적으로 제시한 가설을 경청해 주시길 부탁한다. 이를 통해 여러분 각자의 경험을 바탕으로 성찰해 보시길 바란다.

본능과 성격

먼저 설명하기 정말로 어려운 어떤 것, 즉 본능과 성격의 차이에서 출발해야 한다. 여기에서 본능은 계통발생적으로 프로그램되어 특정한 신경 구조와 결부된 행동 방식을 의미한다. 이는 내부에서의 전기적 자극이나 특정한 외부 자극으로 활성화되는 특수한 반응을 나타낸다. 여기서 순전히 본능적인 반응은 결코 일어나지 않는다는 점을 잊지 말아야 한다. 오늘날 대부분의 저자들은 가장 하등한 동물들조차도 환경, 특히 소음이 아무런 역할도 하지 않는 순전히 본능적 반응은 일어나지 않는다고 가정한다. 따라서 내가 여기서 본능에 대해 언급한다면, 나는 그 용어를 오늘날 일반적으로 통용되고 있는 의미로 사용하는 것이다. 그런 관점에서 보면 "본능"이라는 개념에는 항상 오래된 관점이 포함되어 있기 때문에 사실 그다지 유용하지 않다. 하지만 이 개념을 사용하면, 그렇지 않을 경우 훨씬 더 복잡하게 설명해야 할 것을 간단히 표현할 수 있다.

나는 진화 생물학적 관점에서 인간이라는 종이 어느 시점에서 탄생했는지에 대한 질문에서 시작하겠다. 먼저 동물계에는 관찰되는 두 가지 경향이 있음을 기억해야 한다. 첫째, 본능적 결정이 끊임없이 감소한다는 것이다. 둘째, 신피질 구조의 지속적인 성장과 복잡성의 증가이다. 이러한 진화는 이제 어느 지점에서 하나의 극점, 즉 최소점인 동시에 최대점에 이르게 된다. 이 지점에서는 동물이나 인간은 한편으로는 본능에 의해 규정되지 않으면서도, 다른 한편으로는 자기 자신에 대해 너무나도 자의식적이기 때문에, 더 이상 즉각적으로 본능에 따라 행동할 수 없게 됨으로써 자신의 생존이 위태로워진다.

이와 관련하여 흥미로운 사례가 있다. 이 분야에서 최고의 연구자 중 한 명인 아드리안 코르틀란트Adriaasn Kortlandt(1962)가 수행한 고등 영장류, 특히 침팬지에 대한 관찰과 다른 연구자들에 의해 입증된 그의 보고서는, 침팬지는 실제로 의사 결정 능력이 저해되어 있으며, 발달 단계가 약간 열등한 동물보다 결정을 내리는 속도가 늦으며, 즉각적이지 않으며, 효과적이지 않다는 결론을 내리고 있다. 이로 인해 이미 실제로 침팬지의 생존에 문제가 발생한다. 인간의 경우에는 신피질이 훨씬 더 크고 복잡하지만, 본능에 따른 결정력은 오히려 줄어들었다. 종으로서의 인간은 본능에 따른 조절을 통해 더 이상 자신의 삶을 목적에 맞게 적절하게 살아갈 수 없다고 말할 수 있다. 왜냐하면 인간에게 성찰에 따른 반응이 아니라 빠르고 즉각적인 반응으로 이끄는 힘, 즉 본능이 부족하기 때문이다. 그러나 동시에 인간의 이성은 이미 그가 올바르고 적절한 행동을 선택하도록 하기에는 결코 충분하지 않다.

성격상의 열정

나는 인간이 본능을 대체하는 어떤 새로운 것을 발전시켰다고 가정한다. 그것은 바로 인간의 성격이다(프롬, 1947a, 전집 Ⅱ권. 29~77쪽, 1962a, 전집 Ⅸ권, 85~95쪽 참조). 여기서 내가 말하는 "성격"이란, 프로이트가 이해했던 것과 유사한 역동적 의미에서의 성격으로서, 탐욕·가학증·사랑·야망과 같은 열정들이 비교적 영속적으로 구조화된 형태로 일반적으로 인간을 동기화하는 것으로 이해한다. 성격은 인간이 마치 본능에 이끌리는 것처럼 행동하게 만든다. 따라서 구두쇠는 필요 없는 어떤 것에 지출할지 말지를 고민할 필요가 없다. 그의 성격상 특징인 "인색함"은 그가 불필요한 어떤 것에도 지출을 일절 하지 않고 모든 것을 자기 곁에 남겨 두도록 즉각 결정하게 한다.

가학적인 인간도 구두쇠와 똑같이 행동한다. 그는 자신보다 약한 누군가가 있다는 것을 감지하고, 그 사람을 자신의 힘으로 굴욕감을 주거나 통제할 수 있다는 것을 알아채면 가학적으로 반응한다. 결국 모든 인간에 대한 관찰, 모든 위대한 문학 그리고 모든 위대한 드라마의 주제는 인간들이 그들을 지배하는 열정 앞에서 얼마나 다른지를 보여 주는 것이다. 이러한 열정들과 그리고 그것들이 성격 속에 영속적으로 구조화된 형태는 인간의 "제2의 본성"이 되어 본능을 대신하는 역할을 한다. 그것들은 계통발생학적으로 프로그램되지 않은

어떤 것을 인간에게 동기로 제공함으로써 인간에게 생존의
가능성을 부여한다. 이 동기는 동물을 규정하는 본능처럼 인
간을 규정한다.

게다가 인간은 특정한 성격을 발달시키고, 그 성격에 따라 행
동할 때 **만족감**을 느낀다. 구두쇠는 자신의 인색함을 발휘할
때 만족감을 느끼며, 가학적인 사람은 자신의 가학성을 실현
할 때 만족감을 느낀다. 따라서 성격은 욕망의 방향을 정할
뿐만 아니라, 사회나 특정한 상황이 그가 현실에서 자신의 열
정을 발휘하고 만족시킬 수 있는 가능성을 제공할 때 그 욕망
이 충족될 가능성까지도 결정한다.

여기서 결정적인 질문이 제기된다. 성격이란 단순히 본능적
인 것이 아닐까? 싸우고, 도망치고, 음식물을 마련하는 등의
본능과 앞서 언급한 성격에 내재된 강렬한 열정을 진정으로
구별할 수 있을까?

프로이트는 본능의 관점에서 열정을 이해하려고 시도했다.
그는 모든 위대한 작가들이 다루는 문제, 즉 인간의 열정을
어떻게 이해할 수 있을까라는 질문과 씨름했다. 그는 과학계
에서 처음으로 인간의 열정을 연구 대상으로 삼았다. 지금까

지는 문학계의 거장들만이 그러한 시도를 했다. 그중에서도 특히 오노레 드 발자크가 그러했다. 발자크는 실제로 자신의 걸작을 통해 매우 특정한 사회적 상황에서 프랑스인의 성격사性格史를 의식적으로 그려 내고자 했다. 이러한 이유로 프로이트는 처음에는 의사들이나 심리학자들보다 초현실주의자들이나 다른 예술가들로부터 훨씬 더 큰 관심을 받았다. 예술가들은 '이제 처음으로 한 과학자가 나타나 인간의 열정을 설명하는 과제를 맡고 있다'고 느꼈다.

하지만 프로이트는 당대의 유물론, 즉 신체에 나타나는 모든 증상이나 현상을 특정한 신체적 근원으로 환원해야 한다는 필연성의 영향을 받았는데, 이는 바로 19세기의 사상에 완전히 얽매인 유물론이었다. 따라서 그는 이러한 열정들을 단 하나의 본능인 성욕의 반작용과 승화로 볼 수밖에 없었다. 이러한 시도는, 그렇게 말해도 된다면, 하나의 저돌적인 대담한 발상이었지만 동시에 매우 천재적인 것이었다. 그는 항문기에서 탐욕을, 요도기에서 야망을, 구강기에서 의존성을 도출했다. 그러나 프로이트는 생식기에 대해서는 그다지 많은 작업을 하지 않았는데, 생식기에서 도출되는 성격이 단순히 건강한 인간의 성격이었기 때문이다. 그래서 프로이트는 이 성격을 자세히 설명하지 않았다.

프로이트는 1908/1909년에 처음으로 인색하고 돈을 모으는 인간의 "항문적 성격"을 묘사하려고 했으며, 이를 항문적 리비도의 발현으로 이해하려고 했다(프로이트, 1908b 참조). 그러나 모든 정신적 현상이 특정한 신체적 원천, 즉 생리적 또는 본능적 원천으로 환원된다는 철학에 근거하지 않는다면, 인간의 광대한 열정 영역을 성적 본능이라는 틀에 억지로 끼워 맞출 필요가 없다. 그렇다면 우리는 솔직하게 다음과 같은 질문을 던질 수 있다. 도대체 이러한 열정들은 어떻게 생겨날까? 왜 인간은 인색하고, 탐욕스럽고, 사랑스럽게 되는가? 왜 인간은 자신의 삶을 명예를 위해 바치는가? 내 생각으로는 이러한 질문에 대한 답을 찾을 수 있다.

인간만이 가지고 있는 욕망

인간의 존재가 해부학적·생리학적 총체성으로 정의되어야 하는 한, 정신적 영역이 해부학적·생리학적 영역과 분리될 수 있다고 가정할 수 없다. 이러한 입장은 아리스토텔레스에서 토마스 아퀴나스를 거쳐 스피노자에 이르기까지, 고전 철학 전반에 걸쳐 일관되게 유지되어 왔다. 인간의 본성 자체는 이성적으로 탐구될 수 있는 정체성이며, 말·장미·벌레의 본질에 대해 말할 수 있는 것처럼, 인간의 본성 또는 본질에 대해서도 매우 구체적이고 경험적인 의미에서 말할 수 있다는 것이 항상 가정되어 왔다.

나는 지금 인간으로서의 "호모 사피엔스"를 정신적 특성에서 어떻게 정의할 수 있는지에 대해서는 다루지 않겠다. 이에 대해서는 이미 『인간 파괴성의 해부』(1973a)에서 더 상세하게 논의했기 때문이다. 그러나 나는 다음과 같은 점을 시사하고자 한다. 내가 보여 주려고 했듯이 생물학적으로 규정된 인간의 상황과 영장류에게 인간으로 이어지는 진화의 과정에서, 반드시 충족되어야 할 어떤 욕망들, 곧 정신적 필연성들이 도출된다. 이것들은 **인간의 상황**, 즉 인간의 존재 조건에 근거하고 있기 때문이다.

하나의 예를 들어 보겠다. 우리로 하여금 인간이 어떤 변화를 일으키고, 어떤 영향을 미치고, 무언가를 움직이고자 하는 실존적 욕망이 있다는 것을 믿게 하는 여러 가지 이유가 있다. 예를 들어 아이들의 노는 모습에서 이 점을 아주 뚜렷하게 볼 수 있다. 아이들은 소음을 내는 무언가를 끌고 다니면서 즐거워한다. 이러한 행동은 아이들에게 만족감을 준다. 왜냐하면 아이들이 스스로 소음을 만들어 내고, 무언가를 만들고, 움직이게 할 수 있다는 것을 경험하기 때문이다.

또 다른 예를 들어 보자. 인간에게는 세계에 대한 일종의 '지도'를 갖고자 하는 실존적인 욕망이 있다. 인간이 특정한 세계관―그것이 옳든 그르든 간에―을 가지고 있지 않다면, 그는 아무것도 할 수 없을 것이다. 모든 문화와 사회는 인간에게 그러한 세계관을 제시해야 한다. 모든 시대에 걸쳐 대부분의 세계관은 잘못된 것이었지만, 세계관 없이, 곧 방향성 없이 인간은 살아갈 수 없을 것이다. 그래서 이러한 세계관은 인간에게 실존을 위한 하나의 필수적인 요소이다. 이 밖에도 이러한 필수적인 요소는 더 있지만, 지금 여기서 다룰 수는 없다(프롬, 1955a, 전집 IV, 24~50쪽).

그런데 이러한 실존적 욕망은 모든 인간들에게 공통적이지만, 그것이 충족되는 방식은 사람마다 다르다. 그것은 다양한 방식으로 충족될 수 있다. 이 또한 예를 들어 설명해 보겠다. 무언가를 움직이고, 만들어 내고, 능력을 발휘하고 또는―아주 일반적으로 말해―무언가를 할 수 있다는 욕망은 창조적 성취나 타인과의 관계를 통해 인간을 만족시킬 수 있다. 예를 들어 인간은 타인의 미소와 친근한 표정을 이끌어 낼 수 있다. 사랑은 무엇보다도 나 자신의 사랑을 통해 타인에게서 사랑을 불러일으키는 경험, 나를 사랑받는 사람이 되도록 만드는 경험이다. 즉 나의 사랑 자체가 생산적인 행위가 되는 것이다.

하지만 그런 변화를 일으키는 능력에는 특정한 정신적 전제 조건이 필요하다. 지금 여기에서는 상세하게 다룰 수 없지만, 많은 사람들은 다양한 이유 때문에 긍정적인 변화를 만들어 낼 능력이 없다. 그들은 불구가 되고, 무력하다고 느끼며─여기서는 무력감은 성적인 의미가 아니라 생존에 필수적인 의미에서의 무력감이다─자신을 무기력한 존재로 경험한다. 우리는 우울증 환자들이 자신을 공중에 떠도는 한 조각의 먼지에 불과하다고 느낀다는 것을 알고 있다. 그들은 "나는 아무것도 할 수 없어, 아무것도 원하지 않아, 나는 아무것도 아니야"라고 느낀다. 자신이 무언가라는 것을 스스로에게 증명하는 한 가지 방법은 가학성이다. 사디스트는 약한 사람을 찾아 그를 지배할 수 있다. 갑자기 그는 자신의 무력감을 보상하는 전지전능함을 경험하게 된다.

이런 관점에서 보면, 가학성은 정신적인 불구가 된 사람들이 위와 같은 방식으로 능력감과 권력감을 얻을 수 있는 종교이다. 그러나 그들은 자신의 성격 구조로 인해 어떤 것을 긍정적으로 만들어 나갈 능력이 없다. 따라서 그들은 더 약한 인간을 선택해야 하며, 그들이 원한다면 그들에게 자신이 신적인 존재가 될 수 있는 인간들을 상대로 해야 한다. 궁극적으로 가학성의 목표는 인간에게 고통을 주는 것이 아니라, "나는 약한 인간을 완전히 통제할 힘을 가지고 있다. 나는 그의 신이고, 내가 강자다"는 것을 보여 주는 것이다.

이러한 가학적인 감정이 비록 단 1분이나 단 1초만 지속된다 하더라도, 그 전능감의 도취 순간은 잠깐의 생동을 의미한다. 이 짧은 순간 동안 당사자는 자신을 인간으로 느낄 수 있고, 무력한 불구로서의 자신을 경험하지 않아도 된다. 비록 그 결과가 타인에게는 매우 비극적일지라도 말이다. 가학성을 하나의 도착이나 질병으로 이해해서는 안 된다. 오히려 내가 말하고자 하는 것처럼, 가학성을 하나의 종교로, 어떤 인간이 자신의 깊은 욕망, 말하자면 "무언가를 이루고자 하는 욕망"을 오직 이러한 방식으로만 충족할 때 나타나는, 실존을 위한 필수적인 표현 방식으로 이해해야 한다. 그는 많은 사람들이 욕망을 충족시키는 것처럼 건설적인 방식으로는 자신의 욕망을 충족시킬 수 없기 때문이다.

더 극단적인 예는 파괴성, 즉 파괴하는 데서 오는 쾌락, 생명을 파괴하는 데서 오는 쾌락이다. 살아 있다는 것을 전혀 경험할 수 없고, 단지 "나는 한 번도 제대로 살아 본 적이 없어,

삶이 나를 스쳐 지나간다"라고만 느끼는 사람들이 있다. 그들은 적어도 한 가지 일은 할 수 있다는 방식으로 복수하고자 한다. 바로 '파괴하는 것'이다.

파괴하는 데서 오는 쾌락을 단지 사회적이고 합리적인 관점에서만 고려한다면, 파괴하는 데서 오는 쾌락이 마약 중독이나 알코올 중독과 마찬가지로, 사람들이 삶을 긍정하고 더 긍정적인 방식으로 경험할 수 있을 때만 제거될 수 있다는 사실을 대체적으로 간과하게 된다. 그렇지 않고 사람들이 절망과 공허함에 빠져 타인과 단절되어 있다면, 파괴만이 종종 "나는 존재한다"는 유일한 증거가 되어 버린다.

적어도 미국에서는 젊은이들이 갑자기 길거리에서 누군가를 공격해 찔러 죽이는 사건을 많이 본다. 이런 행동을 하는 사람들은 대개 가족이나 목사 등에게 모범생으로 여겨졌던 젊은이들이었다. 그들에게 대체 왜 이런 공격을 저질렀느냐고 물으면, 흔히 다음과 같이 대답한다. "일그러진 얼굴을 보고, 고통스러운 비명을 듣는 순간, 내가 무언가 할 수 있다는 것, 무언가 해낼 수 있다는 것을 느꼈다."

성격의 사회적 형성

실존적 욕망은 긍정적이든 부정적이든 매우 다양한 방식으로 충족될 수 있다. 그러나 이러한 욕망이 어떻게 충족되는지는 가장 본질적으로 사회 구조에 달려 있다. 모든 사회는 자신의 목표를 달성하기 위해 인간의 에너지가 필요하다. 모든 사회는 저마다 고유한 작동 방식이 있다. 전사戰士들의 사회는 19세기의 시민 사회와 그리고 20세기의 목표를 공유하는 시민들의 공동체Sozietät와는 다르다. 전사들의 사회가 제대로 기능하려면, 사회는 그들이 해야만 하는 일, 즉 공격적으로 행동하는 일을 기꺼이 하도록 영향력을 행사해야 한다. 그렇게 함으로써 공격성이 하나의 성격상 특성으로 형성되도록 해야 한다. 즉 사회는 공격적인 성격을 길러내야 한다. 전쟁터에 나가야 하는 모든 사람들이 먼저 "나는 이것을 하고 싶은가, 아니면 하고 싶지 않은가"를 고민해야 한다면, 그런 사회는 결코 존재할 수 없을 것이다.

어떤 사회든 그 사회에 속한 구성원의 대다수가 망설임 없이 행동으로 옮길 수 있는 동기를 부여해야 한다. 우리에게 더 가까운 한 가지 예를 들어 보자. 19세기의 시민은 저축하려는 충동이 있었다. 프로이트의 용어로 말하자면, 이들은 대체로 항문성애적 가학성을 사진 사람들이었다. 이러한 성격상 특성은 당시의 경제의 요구에 부합했다. 자본의 축적과 제한적인 소비가 필요했다. 하지만 오늘날 사람들이 100년 전의 우리 조상들처럼 행동한다면 우리는 시대에 뒤떨어진 사람으로 여겨질 것이다. 반대로 100년 전 우리 조상들이 구매하고 소비하려는 우리의 동기를, 그리고 때로는 가지고 있지도 않은 돈(신용 — 옮긴이)으로 소비하는 것을 함께 체험했다면, 그들은 이를 그야말로 부도덕한 것이라고 여겼을 것이다. 왜 그럴까? 이는 19세기 사회가 이미 학창 시절에, 더 나아가 아주 이른 유아 교육 방식 자체를 통해 강박적으로 모으려는anal-hortend 성격을 만들어 냈기 때문이다. 내 생각에 이러한 발달은 본능과는 아무런 관련이 없으며, 모든 사회가 자신이 필요로 하는 성격을 만들어 낸다는 사실과 관련되어 있다.

공동체는 삶의 실천과 모든 제도들을 통해 그것을 구성하는 개인들에게 영향을 미친다. 프로이트가 가장 중요한 가치, 아니 사실상 유일한 가치를 부여했던 가족에서 일어나는 일은 내 생각으로는 부차적인 것이다. 물론 가족에 의해 형성되는 성격 구조는, 선천적인 요인을 제외하면, 개인 간의 차이를 만들어 내는 데 매우 중요한 요인이다. 하지만 성격의 본질적인 부분은 사회에 의해 "일정한 틀로 미리 만들어져 있으며

vorfabriziert", 특정한 가족의 상황은 단지 사소한 변화만을 가
져올 뿐이다.

따라서 나는 다음과 같은 결론을 내린다.

> 1) 성격은 생물학적·진화론적으로 보면, 인간의 생존에 대한
>   욕망에 뿌리를 두고 있다.
> 2) 성격은 그 특수성에서 보면, 다양한 사회적 영향에 의해 형
>   성된다. 이 사회적 영향은 이러한 일반적인 생존의 욕망에
>   대해 다양한 반응을 만들어 낸다.
> 3) 성격은 가족 환경에 기반하고 있지만, 이러한 가족 관계가
>   성격에 미치는 영향을 과대평가해서는 안 된다.

가족의 특정한 상황에 대한 정보는 치료와 관련된 특정한 요
인을 파악하는 데 중요할 수 있다. 그러나 임상 치료에서 이
러한 요인들 중 상당수가 인간이 태어나기 전에 사회적으로
이미 형성되어 있다는 점을 간과해서는 안 된다.

요약

마지막으로, 본능주의와 환경주의 사이의 논쟁에서 누가 옳

은지는 이론적인 문제이긴 하지만, 인간의 실제 행동에 매우 큰 영향을 미친다는 점을 언급하고 싶다. 콘라트 로렌츠에 의해 이루어진 본능주의의 부활은 내 판단으로는 위험하다. 이 이론은 인간의 파괴하는 데서 오는 쾌락이 인간의 본능에 너무 깊게 뿌리내려 있어서, 인간은 사실상 핵전쟁과 세계의 중독증에 대항해 아무것도 할 수 없다는—또는 별로 할 일이 없다는—것을 인간에게 말해 주는 위험성을 내포하고 있다. 그의 이론을 받아들인다면, 사람들이 무관심해지는 결과를 초래하는데, 이것이 가장 큰 위험이다. 또한 이는 악의적 공격성의 형태를 야기하는 실질적인 근원, 즉 실존적·생물학적·사회적 근원을 추적하는 것을 방해한다.

인간의 공격성 정도가 침팬지만큼 매우 낮았다면, 공격성에 대한 논의 자체가 없었을 것이다. 그랬다면 인간의 삶은 대체로 매우 평화로웠으리라. 그러나 인류의 역사는 결코 그렇지 않다는 사실을 보여 준다. 해결책은 공격성의 근원을 본능이나 환경 같은 일반적 범주로 환원하는 데 있지 않다. 내가 보기에 오늘날 가장 중요한 과제 가운데 하나는 이런 악의적 공격성을 낳는 사회적·존재적·생물학적 조건들을 추적하여 구체적으로 찾아내는 데 있다.

2. 정치에서의 정상적 사고와 병리적 사고

사회는 나름의 생명력이 있다. 사회는 일정한 생산력, 지리적·기후적 조건, 생산 기술, 사상과 가치관, 그리고 이러한 조건 하에서 발달하는 특정한 유형의 인간 성격을 토대로 형성된다. 사회는 자신이 적응해 온 특정한 형태로 계속 존속하려는 성향을 띠는 방식으로 조직되어 있다. 보통 각 사회의 구성원들은 자신들이 존재하는 방식이 자연스럽고 불가피하다고 믿는다. 그들은 다른 가능성을 거의 보지 못하며, 실제로는 자신의 존재 방식에 근본적인 변화가 일어날 경우, 혼란과 파괴로 이어질 것이라고 믿는 경향이 있다.

그들은 자기들의 생존 방식이 옳으며, 신들에 의해 혹은 인간 본성의 법칙에 의해 정당화되어 있다고 진지하게 확신하고, 자신들이 존재해 온 그 특정한 형태를 유지하는 것 외의 유일한 대안은 파괴뿐이라고 믿는다. 이러한 믿음은 단순한 세뇌의 결과가 아니다. 그것은 인간의 정서적 차원, 즉 사회적·문화적 제반 장치에 의해 형성된 **성격 구조**에 뿌리 두고 있다. 그 결과 **인간은 자신이 해야 할 일을 기꺼이 하게 되고**, 자신의 에너지는 주어진 사회의 유용한 구성원으로서 수행해야 할 특정한 기능을 봉사하는 방향으로 조직된다. 바로 이러한 이유, 즉 사고의 유형이 **감정**의 유형에 뿌리를 두고 있기 때문에, 사고의 유형은 극히 완고하며 변화에 저항한다.

사회는 실제로 변화한다

하지만 사회는 실제로 변화한다. 새로운 생산력, 과학적 발견, 정치적 정복, 인구 팽창 등과 같은 많은 요인들이 변화를 일으킨다. 이러한 객관적인 요인들 외에도, 인간이 자신의 욕구와 자아에 대해 점점 더 자각하고, 무엇보다도 자유와 독립에 대한 욕구가 커짐에 따라 동굴 거주자라는 존재부터 가까운 미래의 우주여행자에 이르기까지 인간의 역사적 상황은 끊임없이 변화한다.

이러한 변화는 어떻게 일어나는가? 대부분의 경우 변화는 폭력적이고 파멸적인 방식으로 일어났다. 대부분의 사회, 지도자와 피지배자는 **불가피한 변화를 예측함으로써** 근본적으로 새로운 조건에 자발적이고 평화롭게 적응할 수 없었다. 그들은 작은 변화와 수정만으로 사회적 삶의 기본 패턴을 유지하려고 노력함으로써, 그들이 때때로 시적으로 "사명 완수"라고 부르는 것을 계속하려는 경향이 있다. 이러한 사회들은 전체 구조와 완전히 그리고 명백히 모순되는 상황이 발생하더라도, 더 이상 감당할 수 없을 때까지 맹목적으로 그들의 생활 방식을 고수하려고 했다. 결국 그들은 다른 나라에 정복당하고 파괴되거나, 기존의 통상적인 방식으로는 더 이상 삶을 제어할 수 없어 서서히 소멸했다.

근본적인 변화에 가장 강력하게 반대하는 사람들은 기존 질서에서 가장 큰 이득을 보기 때문에 자신의 특권을 자발적으로 포기하려 하지 않았던 엘리트 계층이었다. 그러나 지배층과 특권층의 물질적 이익만이 많은 문화권이 불가피한 변화를 예측하지 못한 유일한 이유는 아니었다. 그에 못지않게 중요한 또 다른 이유는 심리적 요인이다. 지도자와 피지배자들은 자신들의 삶의 방식, 사고 개념, 가치관을 내재화하고 신격화하여 그것들에 맹목적으로 집착하게 된다. 조금이라도 다른 개념은 극도로 불안한 것으로 여겨지고, 자신들의 '정상적'이고 '건전한' 사고방식에 대한 적대적이고 악마적이며 무분별한 공격으로 간주된다.

크롬웰 지지자들에게는 가톨릭 신자들이 악마였고, 자코뱅에게는 지롱드파가 악마였으며, 미국 사람들에게는 공산주의자가 악마였다. 모든 사회에서 인간은 자신의 문화가 만들어 낸 삶의 방식과 사고방식을 절대화하고, 변화보다는 죽음을 기꺼이 받아들이는 것처럼 보인다. 그에게 변화는 죽음과 동일시되기 때문이다. 따라서 인류 역사는 도전에 대해 계획적이고 합리적이며 자발적인 반응을 못해 참혹한 종말을 맞는 위대한 문화들의 무덤이다.

하지만 역사에는 비폭력적인 선제적 변화도 일어났다. 서구 산업 사회에서 노동자 계급이 무자비한 착취의 대상에서 영향력 있는 경제적 파트너로 해방된 것은 사회 내의 계급관계에서 비폭력적 변화의 하나의 예이다. 또한 영국 노동당 정부가 강제로 독립을 강요받기 전에 인도의 독립을 허용하려고 한 것 또한 국제 관계 영역에서의 비폭력적 변화의 한 예이다. 그러나 역사에서 이러한 선제적 해결책들은 일반적이라기보다는 예외적인 경우에 불과했다. 종교적 평화는 30년 전쟁이 끝난 **후에야** 유럽에 찾아왔으며, 잉글랜드에서는 가톨릭교도와 반가톨릭교도가 폭력적이고 잔인하게 서로 박해를 가한 후에야 찾아왔다. 1차 세계 대전과 2차 세계 대전에서는 쌍방 수백만 명의 남녀가 무의미하게 학살된 후에야 평화가 찾아왔고, 이는 전쟁의 최종 결과가 명확해진 훨씬 후의 일이었다. 만약 강압적인 결정이 시행되기 전에 양측이 자발적으로 받아들였다면 인류는 이득을 얻지 않았을까? 선제적인 타협이 있었다면 끔찍한 인명 손실과 대규모 잔혹 행위를 막을 수 있지 않았을까? […]

자신의 사회와 문화를 이해하는 것은 자기 자신을 이해하는 것과 마찬가지로 이성의 과제이다. 그러나 이성이 자신의 사회를 이해하는 데 극복해야 할 장애물은, 프로이트가 보여 주었듯이, 자신을 이해하는 길을 가로막는 강력한 장애물과 다르지 않다. 이러한 장애물(프로이트는 이를 "저항"이라고 불렀다)은 결코 지적 결함이나 정보 부족의 영역에 있는 것이 아니다. 그것은 우리의 사고 기관을 무디게 하거나 변형시켜 현실을 밝히는 데 쓸모없게 만드는 감정적 요인에 있다. 어느 사회에서든 대부분의 사람들은 이러한 변형의 존재를 인식하지 못한다. 그들은 다수의 태도에서 벗어난 경우에만 왜곡이 존재한다는 것을 인지하지만, 다수의 의견이 건전하고 "정상적"

이라고 확신한다(프롬, 『정상적인 사회』, 1955, 69쪽). 그러나 실제로는 그렇지 않다. 감응성 정신병1)이 있는 것처럼 수백만 명의 광기가 존재하며, 오류에 대한 합의가 그 오류를 진실로 바꾸지 못한다. 대규모 광기가 발생한 지 수 년이 지난 후, 비록 거의 모든 사람들이 그런 사고방식을 공유했을지라도, 그것의 광기 어린 성격이 다음 세대에게는 분명하게 드러날 수 있다. 따라서 중세 시대의 흑사병에 대한 극단적인 정신적 반응, 반종교개혁 시대의 마녀사냥, 17세기 잉글랜드에서의 종교적 증오, 1차 세계 대전 중 훈족에 대한 증오는 수년이 지난 후에야 비로소 병리적 발현으로 보이게 된다. 그러나 대개 "사고방식"이라고 여기는 많은 것들이 발생하는 동안에는 그것의 병리적 성격에 대해 거의 알지 못한다. 나는 다음 몇 페이지에 걸쳐 정치와 외교 문제에 관한 병리적 사고방식의 가장 중요한 형태들 가운데 일부를 개략적으로 설명할 것이다. 왜냐하면 우리가 현대 정치 사건을 이해하기 위해서는 오염되지 않은 본래의 사고 수단을 갖추는 것이 매우 중요하기 때문이다.

---

1) 가족 등 밀접한 관계를 맺는 두 사람이 동일하거나 유사한 정신 장애를 갖는 경우를 의미한다. (옮긴이 주)

편집증적 사고방식

나는 병리적 사고방식의 극단적인 형태 중 하나인 **편집증적** 사고방식으로 시작하겠다. 편집증적 망상으로 고통받는 개인의 사례는 정신과 의사에게는 물론이고, 대부분의 일반인에게도 분명하다. 모두가 "자신을 쫓고 있다"고 말하고, 동료, 친구 심지어 아내까지도 자신을 죽이려고 음모를 꾸미고 있다고 말하는 사람은 대개 미친 사람으로 여겨진다. 무슨 근거로 그런가? 그가 하는 비난이 논리적으로 **불가능하기** 때문은 분명 아니다. 그의 적들, 지인들, 심지어 가족까지도 그를 파멸시키기 위해 손을 잡았을 수도 있다. 실제로 그런 일이 일어난 적도 있다. 우리는 불행한 환자에게 솔직히 대답하고 그가 추측하는 것이 불가능하다고 말할 수는 없다. 다만 우리는 일반적으로 그런 일이 발생할 가능성이 매우 **드물다는** 점과 특히 그의 아내와 친구들의 성격으로 보아 그런 일이 발생할 가능성은 매우 낮다고 주장할 수밖에 없다.

우리는 환자를 설득해서는 안 된다. 그에게 현실은 개연성이 아니라 논리적 가능성에 기반하고 있기 때문이다. 이런 태도가 바로 그의 질병의 근본적인 원인이다. 그가 현실과 접촉하는 방식은 논리적 사고 법칙과 부합한다는 극히 좁은 토대에 국한되어 있으며, 현실적인 개연성을 검토할 필요가 없다. 편집증 환자는 그러한 검토를 할 능력이 없기 때문이다. 모든 정신병 환자와 마찬가지로, 그의 현실과의 접촉은 극히 얇고 취약하다. 그에게 현실이란 주로 자기 내면에 존재하는 것, 즉 자신의 감정·두려움·욕망이다. 외부 세계는 그의 내면 세계를 비추는 거울이거나 상징적 표현에 불과하다.

그러나 조현병 환자와는 달리, 많은 편집증 환자들은 건강한 사고방식의 한 측면을 유지하고 있다. 그것은 바로 논리적 가능성을 요구하는 태도이다. 다만 그들은 다른 한 측면, 즉 현실적 개연성이라는 기준을 포기했을 뿐이다. 만약 진리의 조건으로 가능성만을 요구한다면, 확신에 도달하는 일은 매우 쉽다. 반대로 개연성이 요구될 경우, 확실하다고 말할 수 있는 것은 상대적으로 극히 적다. 이것이 바로 편집증적 사고방식이 야기하는 고통에도 불구하고 그토록 "매력적"인 이유이다. 그것은 인간을 의심으로부터 구해 주며, 건강한 사고방식이 도달할 수 있는 대부분의 통찰을 넘어서는 확실성의 감각을 보장해 주기 때문이다.

편집증 환자의 개별적인 사례에서 편집증적 사고방식을 알아차리기는 쉽다. 하지만 수백만 명의 사람들이 그 사고방식을 공유하고, 그들을 이끄는 당국마저 이를 승인할 때, 그 편집중적 사고방식을 알아차리는 것은 훨씬 더 어려운 일이다. 러시아(구소련)에 대한 관습적인 사고방식이 그 적절한 예이다. 오늘날(1961년) 대부분의 미국인은 편집증적인 사고방식으로 러시아를 생각한다. 즉 그들은 무엇이 "실제로 일어날 법한지probable"를 묻기보다 무엇이 "가능한지possible"를 묻는다. 실제로 흐루쇼프가 무력으로 우리를 정복하려 할 가능성은 있다. 그가 우리로 하여금 위험을 인지하지 못하게 하려고 평화 제안을 할 가능성도 있다. 또한, 공존을 둘러싸고 중국 공산당과 벌이는 그의 모든 논쟁이 우리를 속여 평화를 원한다고 믿게 한 뒤, 더 큰 놀라움을 주기 위한 속임수일 수도 있다. 만약 우리가 오로지 이러한 "가능성"만을 생각한다면, 현실적이고 실용적인 정치적 행동을 취할 기회는 사실상 사라지고 말 것이다.

정상적인 사고방식이란 사실 언제나 알아차리기 비교적 쉬운 가능성만을 생각하는 것이 아니라, 개연성 또한 함께 생각하는 것을 의미한다. 이는 현실적인 상황들을 검토하고, 상대의 행동에 영향을 미치는 모든 요인과 동기를 분석함으로써 상대가 취할 법한 행동을 어느 정도 예측하는 것을 뜻한다. 이 점을 명확히 하기 위해 덧붙이자면, 내가 정상적인 사고방식과 편집증적 사고방식을 대비하여 강조한다고 해서 러시아인들이 앞서 언급한 그 모든 사악하고 기만적인 계획을 가지고 있지 않을 것이라고 단정하는 것은 아니다. 그 대신, 우리가 사실관계에 대해 철저하고 냉철한 검토를 수행해야만 한다는 점을 강조하는 것이다. 그저 "논리적 가능성"이 존재한다는 사실 그 자체만으로는 아무것도 증명할 수 없으며, 큰 의미도 없기 때문이다.

투사적 사고방식Projective Thinking

현실적이고 효과적인 정치적 사고방식을 위협하는 또 다른 병리적 메커니즘은 바로 "투사projection"이다. 우리는 개별 사례에서 나타나는 아주 노골적인 형태의 투사 메커니즘에 이미 익숙하다. 공격적이고 파괴적인 성향을 지닌 사람이 도리어 타인들을 공격적이라고 비난하며, 자기 자신은 무고한 희생자로 묘사하는 경우를 알고 있다. 수많은 결혼 생활도 이러한 투사적 메커니즘을 근거로 유지된다. 각 배우자는 실제로는 자기 자신의 문제인 것을 상대방의 탓으로 돌리며 비난한다. 그리하여 자기 자신의 문제를 직면하는 대신 배우자의 문제에 전적으로 몰두하는 데 성공하게 된다.

개별적인 사례에서는 쉽게 보이는 것이라도, 수백만 명이 동일한 투사 메커니즘을 공유하고 지도자들이 이를 지지할 때는 보이지 않게 된다. 예를 들어 1차 세계 대전 당시, 연합국 국민들은 독일인을 무고한 아기를 학살하는 비열한 훈족이라고 믿었으며, 바흐와 베토벤의 음악마저 악마의 영역에 속한다고 여길 만큼 그들을 모든 악의 화신으로 보았다. 반면, 훈족(독일인 ─ 옮긴이)을 비난하던 이들은 자신들이 오직 자유와 평화, 민주주의 같은 가장 고귀한 목적을 위해서만 싸우고 있다고 믿었다. 기이하게도, 독일인들 역시 연합국에 대해 아주 똑같은 믿음을 품고 있었다.

그 결과는 무엇일까? 내 안에서 느끼는 모든 악이 상대에게 투사되었기에, 적은 모든 '악의 화신'으로 보인다. 논리적으로 이런 일이 벌어진 후, 나는 내 안의 악을 상대측으로 떠넘겼으므로 나 자신을 모든 '선의 화신'으로 여기게 된다. 그 결과는 적에 대한 분노와 증오, 그리고 자기 자신에 대한 무비판적이고 나르시시즘적인 자기 미화가 나타나게 된다. 이는 집단적인 광기와 증오라는 공유된 열광의 분위기를 조성할 수 있다. 하지만 이는 병리적인 사고방식이니, 전쟁으로 이어질 경우 위험하며, 그 전쟁이 파멸을 의미할 때는 치명적이다.

공산주의, 소련, 공산주의 중국에 대한 우리의 태도는 상당 부분 투사적 사고방식의 발현이다. 물론 스탈린 체제의 공포 정치가 비인간적이고 잔혹하며 혐오스러웠다는 점은 사실이다. 그러나 그것이 우리가 자유국가라고 부르는 여러 나라들에서 자행된 공포 정치보다 더 심했던 것은 아니다. 예컨대 트루히요나 바티스타의 공포 정치 역시 그에 못지않았다.

나는 스탈린 정권을 판단함에 있어서 비공산주의적 잔혹함이나 냉혹함을 참작 사유로 언급하지 않겠다. 당연하게도 잔혹 행위와 비인간적 행위는 서로 상쇄될 수 없기 때문이다. 내가 이러한 사례들을 언급하는 이유는 많은 사람들이 스탈린에 대해 느끼는 분노가 그들이 생각하는 것만큼 진실되지 않다는 것을 보여 주기 위함이다. 만약 그들의 분노가 진실이라면, 가해자가 정치적 적이든 아니든 다른 잔혹 행위와 냉혹함에 대해서도 똑같은 분노를 느꼈을 것이다. 하지만 더 중요한 것은 **스탈린 정권은 이미 사라졌다는 점**이다. 현재 러시아는 보수적인 경찰국가 체제이다. 자유와 개성을 소중히 여기는 사람이라면 결코 바람직한 것은 아니지만, 스탈린 체제처럼 깊은 인간적 분노를 불러일으킬 만한 체제도 아니다. 러시아 정권이 잔혹한 공포 정치에서 보수적인 경찰국가의 방식으로 바뀐 것은 다행스러운 일이다. 또한 소련에 대한 증오를 가장 격렬하게 표출하는 자유의 애호가들이 이처럼 상당한 변화가 일어났다는 사실을 제대로 인식하지 못하는 점은, 그들에게 진정성이 부족하다는 것을 보여 준다.

많은 사람들은 여전히 공산주의가 악의 화신이며, 독재자 프랑코와 같은 동맹국을 포함한 우리의 자유세계가 선의 화신이라고 믿고 있다. 그 결과, 서구 사회는 선과 자유, 인류애를 위해 싸우는 존재이고, 공산주의는 인간적이고 고결한 모든 것의 적이라는 나르시시즘적이고 비현실적인 이미지가 형성되었다. 중국 공산주의자들도 특히 서방을 바라보는 방식에서 역시 똑같은 메커니즘을 따르고 있다.

투사投射가 전쟁이나 '냉전'의 경우처럼 편집증적 사고방식과 결합될 때, 우리는 참으로 위험천만하고 폭발적인 심리적 혼합 상태에 놓이게 된다. 이러한 상태는 정상적이고 앞을 내다보는 사고방식을 가로막는다.

광신적 사고방식

정치사상에서 큰 역할을 하는 또 다른 유형의 병리, 즉 광신주의를 고려하지 않는다면, 병리적 사고방식에 대한 논의는 불완전하게 남을 것이다. 광신자란 무엇인가? 그를 어떻게 알아차릴 수 있을까? 진정한 확신이 드물어진 오늘날, 타인의 의견과 근본적으로 다르며 아직 증명되지 않은 정신적 또는 과학적 확신에 깊은 믿음을 가진 사람들을 모두 "광신자"라고 부르는 경향이 있다. 그렇다면 부처·이사야·소크라테스·예수·갈릴레오·다윈·맑스·프로이트·아인슈타인 같은 가장 위대하고 용감한 인물들은 모두 "광신자"였을 것이다.

누가 광신자인가라는 질문은 주장의 **내용**에 대한 판단만으로는 답을 찾기 어려운 경우가 흔하다. 예를 들어, 인간과 그 잠재력에 대한 믿음은 지적으로 증명할 수는 없지만, 신봉자의 진정한 경험에 깊이 뿌리내릴 수 있다. 또한 과학적 사고에서도 가설 형성 단계와 타당한 증명 단계는 상당한 간극이 있으며, 과학자는 증명 단계에 도달할 수 있을 때까지는 자신의 사고방식에 대한 확신을 가질 필요가 있다. 물론 합리적 사고의 법칙에 명백히 위배되는 주장들이 많으며, 그러한 주장을 굳게 믿고 있는 사람은 광신자라고 불릴 만하다. 하지만 무엇이 비합리적이고 무엇이 그렇지 않은지를 판단하는 것이 쉽지 않은 경우가 흔하며, "증명"이나 일반적 합의만으로는 충분한 기준이 될 수 없다.

사실, 광신자를 알아차리는 일은 그가 가진 신념의 내용보다
는 그의 인격에 나타나는 몇 가지 특성을 보는 것이 더 쉽다.
광신자에게서 일반적으로 발견되는 가장 중요한 개인적 특
성은 일종의 '차가운 불꽃', 즉 따뜻함이 전혀 없는 열정이다.
광신자는 자신 외의 외부 세계와는 전혀 관계를 맺지 않는
다. 그는 그 누구에게도, 그 무엇에도 진심으로 관심을 두지
않는다. 비록 자신의 '신념'에서 타인에 대한 염려가 매우 중
요한 부분이라고 소리 높여 주장할지라도 말이다. 그가 가진
생각 자체가 겉보기에 얼마나 '비합리적'인가 하는 점보다,
그의 눈에서 뿜어져 나오는 차갑게 번득이는 광기가 그의 사
상이 가진 광신적인 본질에 대해 더 많은 것을 말해 줄 때가
흔하다.

좀 더 이론적인 관점에서 말하자면, 광신자는 외부 세계와 단
절된 극도로 나르시시즘적인 인물이라고 할 수 있다. 진정한
감정이란 언제나 나와 세상의 상호 작용의 결과이기 때문에,
그는 실제로 아무것도 느끼지 못한다. 광신자의 병적 증세는
우울증 환자의 그것과 닮았다. 그들은 슬퍼서 괴로운 것이
아니다(슬픔은 안도감을 줄 수 있다). 그들을 정말 괴롭히는 것은
아무것도 느낄 수 없다는 사실이다.

광신자는 급성 우울증에서 벗어나는 길을 찾았다는 점에서 우울증 환자와는 차이가 있다(어떤 면에는 조울증 환자와 유사하다). 그는 자신만의 우상, 절대적인 존재를 만들어 내고, 그에게 완전히 복종하면서도 동시에 자신을 그 우상의 일부로 만든다. 그런 다음 그는 우상의 이름으로 행동하고 생각하며 느낀다. 더 정확히 말하면, 진정한 감정은 전혀 없으면서도 '느낌', 즉 내면의 흥분이라는 환상을 가지고 있는 것이다. 그는 고립감과 공허함을 우상에 대한 완전한 복종과 동시에 자신의 자아를 신격화하여 자신을 우상의 일부로 만들어 버림으로써 나르시시즘적인 흥분 상태에 빠져 살아간다.

그는 우상 숭배적인 복종과 과대망상에 사로잡혀 있지만, 진정한 관계나 감정을 느끼는 데는 냉담하다. 그의 태도는 상징적으로는 '타오르는 얼음'으로 묘사될 수 있다. 만약 그가 우상의 내용이 파괴성·적대감, 혹은 노골적인 정복욕이 아니라 사랑·형제애·신·구원·조국·민족·명예 등이라면, 그는 특히 타인을 속이려 들 것이다. 그러나 인간의 현실로 볼 때, 우상의 본질이 무엇이든 간에 큰 차이는 없다.

광신주의는 항상 진정한 관계를 맺을 능력의 결핍에서 비롯된다. 광신자는 매우 강렬한 감정을 느끼고 확신에 차 있는 것처럼 보이기 때문에 매우 매혹적이며, 그래서 정치적으로 위험하다. 우리 모두는 확신과 열정적인 경험을 갈망하기 때문에, 광신자가 거짓된 믿음과 감정으로 많은 사람들을 끌어들이는 데 성공한다는 사실이 놀라운 일이겠는가?

편집증적이고 투사적이며 광신적인 정치적 사고방식은 모두 사고 과정의 진정한 병리적인 형태이며, 한두 사람에 제한된 것이 아니라 더 많은 사람들의 집단이 공유하는 정치적 사고방식이라는 점에서 전통적인 의미의 병리와 다르다. 그러나 이러한 사고방식의 병리적 형태만이 정치적 현실을 제대로 파악하는 것을 가로막는 것은 아니다.

자동인형적 사고방식Automaton thinking

병리적이라고까지 부를 수는 없겠지만, 다른 형태의 사고방식도 있다. 단지 더 흔하다는 이유만으로 다른 병리적 사고방식과 똑같이 위험하다고 여겨질 수도 있다. 특히 나는 진정성이 결여된 "자동인형적" 사고방식을 말하는 것이다. 그 과정은 단순하다. 내가 무언가를 진실이라고 믿는 이유가 스스로 관찰하고 경험을 바탕으로 한 나의 생각으로부터 도달한 결과가 아니라, 단지 누군가에 의해 나에게 "암시되었기

suggested" 때문인 경우이다. 자동인형적 사고방식에 빠지면, 나는 내 생각이 정말 나의 것이라고 착각하곤 한다. 하지만 사실은 어떤 형태로든 권위를 가진 출처에서 제시한 생각들을 그대로 받아들인 것에 불과하다.

현대의 모든 사고의 조작은, 그것이 상업 광고이든 정치적 선동이든 간에, 사람들에게 '자신'의 생각이 자신 것이 아님을 인식시키지 않고 생각과 감정을 만들어 내는 암시적 최면 기법을 사용한다. 중국인들이 어느 정도 완벽하게 다듬은 것으로 보이는 세뇌 기술은 실제로는 이러한 최면적 암시의 더 극단적인 형태일 뿐이다. 암시 기법이 더욱 정교해짐에 따라 진정한 사고방식은 점점 더 자동인형적 사고방식으로 대체되지만, 우리의 생각이 자발적이고 마음에서 우러난 것이라는 위대한 환상은 여전히 살아 있다.

집단들이 상대방의 사고가 진실되지 않다는 것을 쉽게 알아차리면서도, 정작 자신들의 사고는 그렇지 않다고 생각하는 점은 참으로 놀라운 일이다. 예를 들어, 소련을 방문하고 돌아온 미국의 여행객들은 러시아의 정치적 사고방식이 획일적이라는 인상을 받았다고 얘기한다. 모두가 "남부에서 일어난 린치는 어떻게 된 것인가?"부터 "미국이 평화적인 의도가 있다면 왜 소련 주변에 그렇게 많은 군사 기지가 필요한가?”
까지 똑같은 질문을 던지는 것과 같다.

러시아를 여행하여 그곳의 여론이 획일적이라고 이야기하는
사람들이 간과하는 사실은, 미국의 여론 역시 그에 못지않게
획일적이라는 점이다. 대부분의 미국인들은 러시아인들이 혁
명적 공산주의를 위해 세계를 정복하려 한다거나, 신을 믿지
않기 때문에 미국인들과는 다른 도덕관을 가지고 있다는 등
의 여러 가지 고정관념cliché을 당연하게 받아들인다. 더욱이
미국에서는 — 물론 소련에서는 어느 정도였는지는 짐작조차
할 수 없지만 — 이러한 고정관념이 사회 하층민에만 국한된
것이 아니다. 실질적인 정책 결정과 여론 형성에 관여하는 정
치인, 지식인, 신문 및 라디오 논평가 등 많은 사람들이 이러
한 고정관념을 갖고 있다.

이중사고

이처럼 진정성이 결여된 자동인형적 사고방식은 “이중사고”
를 야기한다. 이를 조지 오웰(1949)이 전체주의적 사고의 논
리로 매우 탁월하게 묘사했다. 오웰은 그의 저서 『1984』에서
“이중사고란 마음속에 두 가지 모순된 믿음을 품고 그 둘 다

받아들이는 능력"이라고 말한다. 우리는 러시아의 이중사고에 익숙하다. 헝가리나 동독처럼 대다수 국민의 의사에 명백히 반하여 통치하는 국가를 "인민민주주의"라고 부른다. 경제적·사회적·정치적 불평등의 엄격한 기준에 따라 구축된 위계적인 계급사회를 "계급 없는 사회"라고 부른다. 지난 40년 동안 국가 권력이 증대되어 온 체제를 "국가의 소멸"로 이끌고 있다고 말한다. 하지만 이중사고는 결코 소련만의 현상이 아니다. 서구 사회에서는 반러시아 독재 정권을 "자유세계의 일부"라고 부른다. 그래서 그 일부만 언급하겠지만, 이승만·장제스·프랑코·살라자르·바티스타 같은 독재자들은 자유와 민주주의를 위한 투사로 칭송받았고, 그들의 정권에 대한 진실은 은폐되거나 왜곡되었다. 그 외에도 우리는 장제스·이승만·아데나워 같은 사람들이 미국의 외교 정책에 영향을 미치고 때로는 수정하도록 허용했다.

미국 대중은 한국·대만·라오스·콩고·독일에 대해 잘못된 정보를 가지고 있다. 이는 우리가 언론의 자유와 정보에 밝은 국민이라고 생각하는 이미지와는 완전히 상반된다. [이러한 주장을 뒷받침하는 근거로 윌리엄 J. 레더러의 최근 저서 『양떼의 나라A Nation of Sheep』(W.W. Norton, Inc., 뉴욕, 1961)를 참고하기 바란다. 이 책에서는 "라오스 사기극", "대만에 대해 우리가 듣지 못한 것들", "한국에 대해 우리가 듣지 못하는 것들", 그리고 미국 정부 내에서 "허위 정보", "홍보", "비밀"이 하는 역할에 대해 자세히 논하고 있다.] 우리는 러시아가 반미 선동을 하면 체제 전복이라고 부르지만, 자유유럽방송RFE이 동유럽 국가들에 방송하는 내용은 체제 전복이 아니라고 한다. 우리는 모든 약소국의 독립을 존중한다고 공언하지만, 과테말라와 쿠바 정부의 전복을 지지한다. 우리는 헝가리에서 벌어진 러시아의 테러에는 경악하지만, 알제리에서 벌어진 프랑스의 테러에는 아무런 반응을 보이지 않는다.

병리적인 사고방식과 **이중사고**는 병적이고 비인간적일 뿐만 아니라 우리의 생존 자체를 위협한다. 판단 착오가 파국적인 결과를 초래할 수 있는 상황에서 우리는 병적이거나 진부한 사고방식에 빠져 있을 여유가 없다. 세계 정세, 특히 소련 블록과 서방 블록 간의 갈등에 대한 가장 명확하고 현실적인 사고는 생존에 필수적인 문제이다. 오늘날 어떤 의견들은 "현실적"이라는 자부심을 가지고 받아들여지지만, 실제로는 그들이 비판하는 낙관주의적 환상만큼이나 허황되고 비현실적이다. 냉소적이고 "냉정한" 관점이 보다 객관적이고 복잡하며 건설적인 관점보다 "현실적"일 가능성이 더 높다고 믿는 것은 인간 반응의 특이한 약점 중 하나이다. 많은 사람들은 사물을 단순하고 복잡하지 않게 보거나, 눈 하나 깜짝하지 않고 재앙의 위험을 감수하는 것이 강하고 용감한 사람만이 할 수 있는 일이라고 생각하는 것 같다. 그들은 광신적이고 독선적이며 무지한 사람들이 C.W. 밀스가 정확하게 지적한 "망상적 현실주의crackpot realism"를 현실에 대한 합리적인 이해와 혼동하는 경우가 많다는 사실을 잊고 있다.

편집증적 사고방식, 투사적 사고방식, 광신적 사고방식, 자동인형적 사고방식은 서로 다른 형태의 사고 과정이지만, 모두 동일한 근본적 현상에 뿌리를 두고 있다. 그것은 곧 인류가 인도·중국·팔레스타인·페르시아·그리스에서 기원전 1,500년부터 그리스도 시대까지 출현한 위대한 휴머니즘 종교와 철학들에 표현된 발전 수준에 아직도 도달하지 못했다는 사실이다. 대부분의 사람들은 이러한 종교 체계들과 그로부터 이어진 비신학적 철학 계승자들을 통해 **사고**하지만, 감정적으로는 여전히 불교, 유대교, 기독교 사상이 선포되기 이전과 다를 바 없는 원시적이고 비합리적인 수준에 머물러 있다. 우리는 여전히 우상을 숭배하고 있다. 다만 그것은 바알Baal이나 아스타르테Astarte라고 부르지 않을 뿐, 다른 이름으로 우상을 숭배하고 복종하고 있을 뿐이다.

기술적으로나 지적으로나 우리는 원자 시대에 살고 있지만,

감정적으로는 여전히 석기 시대에 살고 있다. 우리는 축제일에 신들에게 2만 명의 사람들을 제물로 바쳐야만 우주의 질서가 유지될 것이라고 믿었던 아즈텍인들보다 우월하다고 생각한다. 우리는 고귀하다고 생각하는 여러 목표를 위해 수백만 명의 사람들을 희생시키고 그 학살을 정당화한다. 하지만 사실은 같다. 단지 합리화하는 방식만 다를 뿐이다.

인간은 모든 지적·기술적 발전에도 불구하고 여전히 혈연·재산·제도에 대한 우상 숭배에 사로잡혀 있다. 인간의 이성은 여전히 비합리적인 열정에 지배받고 있다. 인간은 아직 완전한 인간적인 존재fully human가 된다는 것이 무엇인지를 경험하지 못했다. 우리는 여전히 우리 자신과 외부 집단을 이중 잣대로 평가하고 있다. 지금까지 문명화된 인간의 역사는 사실 매우 짧으며, 인간의 삶으로 치면 한 시간도 채 되지 않는 시간에 비유할 수 있다. 우리가 아직 성숙에 도달하지 못했다는 것이 놀라운 일도, 낙담할 일도 아니다.

인간이 잠재력을 온전히 발휘할 수 있다고 믿는 사람들은, 정서적 발달과 지적·기술적 발전 사이의 괴리가 지금과 같은 수준에 이르지 않았다면 결코 불안해할 필요가 없었을 것이다. 그러나 그 괴리는 이제 인류가 멸종되거나 새로운 야만 상태로 되돌아갈 위험에 처할 만큼 커졌다. 이번에는 오직 근본적이고 진정한 변화만이 우리를 구할 수 있다.

그러나 우리는 이러한 변화를 어떻게 실현할 수 있는지에 대해 거의 알지 못하고 있으며, 시간이 너무나 촉박하다. 한 가지 접근 방식은 진실을 말하는 것이다. 우리는 합리화와 자기기만, 그리고 이중사고의 그물망을 뚫고 나아가야 한다. 우리는 객관적이어야 하며, 나르시시즘과 외국인 혐오에 의해 왜곡되지 않은 채로 세상과 우리 자신을 현실적으로 바라보아야 한다. 자유는 이성과 진실이 있는 곳에만 존재한다. 이성의 목소리가 침묵하는 곳에서는 고대의 부족주의와 우상숭배가 번성한다. 그렇다면 외교 정책의 사실들에 대한 진실을 아는 것이 자유와 평화를 보존하는 데 결정적으로 중요하다는 결론이 따라오는 것이 아니겠는가? […]

이데올로기적 사고방식

'이데올로기'란 하나의 사상 체계이다. 예를 들어 보수적 이데올로기라고 말할 때, 우리는 보수적인 사고 체계를 가리키는 것이다. 이러한 이데올로기의 사용은 기술적이라고 부를 수 있다. 그러나 19세기 중반 이후에는 보다 역동적인 개념들이 등장했다. 내가 여기서 사용하는 역동적 이데올로기 개념은, 인간이 자신의 본성과 인간 존재의 조건 그 자체에 깊이 뿌리내린 갈망과 열정을 지니고 있다는 사실에 대한 인식에 기반하고 있다(에리히 프롬,『정상적인 사회』, 1955, 22~66쪽;『자기 자신을 위한 인간』, 1947, 38~50쪽 참조). 이러한 인간 본연의 욕구는 바로 자유·평등·행복, 그리고 사랑이다. 이러한 욕구가 충족되지 않을 경우, 그것들은 복종하려는 욕망, 권력에 대한 추구, 파괴 충동 등과 같은 비합리적인 열정으로 왜곡된다. 많은 문화에서 이러한 비합리적 열정들이 실제로는 주된 추진력이지만, 파괴나 정복을 원한다고 공개적으로 인정하는 사회는 극히 드물다. 인간은 자신이 인간적이고 건설적인 충동에 의해 움직이고 있다고 믿고자 하는 욕구가 매우 강하기 때문에, 가장 비도덕적이고 비합리적인 충동조차도 언제나 (자기 자신에게도, 타인에게도) 위장하여, 그것들이 마치 고귀하고 선한 것처럼 보이게 만든다.

지난 4천 년의 역사 속에서 노자·부처·이사야·조로아스터·예수 그리고 그 밖의 많은 위대한 정신적 지도자들은 인간의 가장 깊은 갈망을 표현해 왔다. 이 서로 다른 인물들이 제시한 근본 사상들이 이토록 닮아 있다는 사실은 주목할 만하다. 그들은 대부분의 사람들이 진정한 경험으로부터 자신을 보호하기 위해 두른 관습·무관심·두려움의 껍질을 뚫고 들어가, 반쯤 잠든 상태에서 깨어나 그들의 사상을 따르는 추종자들을 발견했다. 이러한 일은 중국·인도·이집트·팔레스타인·페르시아·그리스에서 일어났는데, 그곳에서 새로운 종교와 철학 학파들이 형성되었다. 그러나 시간이 흐르면서 이러한 사상들은 힘을 잃었다. 초기의 생동하는 순간에는 사람들이 자신이 생각하는 것을 실제로 **경험했지만**, 점차 진정한 경험 **대신** 순전히 두뇌적이고 소외된 사고만을 하게 되었다.

지금은 이러한 퇴보가 발생하는 복잡하고 어려운 문제를 논할 자리가 아니다. 카리스마 넘치는 지도자의 죽음으로 문제를 설명하는 것은 너무나 단순한 접근 방식일 뿐이다. 자유·사랑·평등을 실현하기 위해서는 용기·의지·희생을 감수할 능력이 필요하다는 점을 지적하는 것만으로는 충분하지 않다. 사람들이 자유를 갈망하는 만큼 두려워하고, 자유로부터 도피하고 싶어 하기 때문에 초기 열정이 식으면 더 이상 원래의 생각을 유지할 수 없게 된다. 이 모든 것이 사실일지라도, 또 다른 더 중요한 이유가 있다. 인간은 역사의 과정 속에서 자신의 환경을 변화시키며, 동시에 자기 자신도 변화시킨다. 그러나 이 과정은 매우 더디게 진행된다. 원시 사회를 제외하면, 문명과 인류의 발전은 대부분의 사람들이 소수를 섬기는 방식으로 진행되어 왔다. 모든 사람이 존엄한 삶을 누릴 수 있는 물질적 토대가 마련되어 있지 않았기 때문이다. 노예, 농노 그리고 삶의 대부분이 굶주림과 질병과의 투쟁이었던 가난한 사람들에게 사랑과 평등의 이상이 어떻게 오랜 시간 동안 진정한 경험으로 살아 있을 수 있었겠는가? 소수 권력자들의 요구에 복종해야 했던 사람들 사이에서 어떻게 자유라는 이상이 살아남을 수 있었겠는가? 그럼에도 사람들은 이러한 이상들에 대한 믿음 없이는, 그리고 언젠가는 그것들이 실현될 수 있으리라는 희망 없이는 살아갈 수 없었다. 예언자들 이후에 등장한 성직자와 왕은 바로 이러한 욕구를 이용했다. 그들은 그 이상들을 독차지하고, 체계화하며, 의례儀禮로 변형시켜 다수의 사람들을 통제하고 조종하는 데 사용했다. 그리하여 **이상**은 **이데올로기**로 전환되었다. 말들은 그대로 남아 있었지만, 그것들은 의례가 되었고 더 이상 살아 있는 말이 아니게 되었다. 이상은 소외되었고, 인간의 살아 있고 진정한 경험이기를 그치고, 그 대신 인간 외부에 존재하는 하나의 우상이 되어 버렸다. 인간은 그 우상을 숭배하고 그 앞에 복종하며, 동시에 우상을 이용해 자신의 가장 비합리적이고 비도덕적인 행위들을 은폐하고 합리화하는 것이다.

이데올로기는 사람들을 결속시키고, 이데올로기적 의례를 올바르게 집행하는 자들에게 복종하도록 만드는 역할을 한다. 또한 사회 안에 존재하는 모든 비합리성과 비도덕성을 합리화하고 정당화하는 역할을 한다. 동시에 이데올로기는 말하자면 "얼어붙은 사상"을 그 안에 담고 있음으로써, 그 체제의 추종자들을 만족시킨다. 그들은 사랑·자유·평등·형제애와 같은 인간의 가장 근본적인 욕구와 자신들이 접촉하고 있다고 믿는다. 왜냐하면 그들은 그러한 말들을 듣고, 또 말하기 때문이다. 그리고 동시에 이데올로기는 이러한 사상들을 **보존**하기도 한다. 이데올로기는 의례로 변하더라도 여전히 표현된 상태로 남아 있다. 그리고 역사적 상황이 인간으로 하여금 다시 깨어나도록 허락하고, 한때 우상이 되어 버렸던 것을 다시 현실적인 것으로 경험할 수 있도록 해 줄 때, 다시금 살아 있는 사상으로 거듭날 수 있다. 이데올로기가 의례적인 형태를 벗어나 개인적·사회적 현실과 다시 연결될 때에야 비로소 이데올로기는 사상으로 다시 전환된다. 이는 마치 이데올로기가 모래 속에 오래 묻혀 있다가 비옥한 토양으로 옮겨졌을 때 다시 자라나는 씨앗과 같다. 따라서 이데올로기는 사상을 대신하는 기만적 **대체물이며**, 사상이 부활할 때까지 사상을 **보존하는** 역할을 동시에 수행하는 것이다.

이데올로기는 그 의미를 통제하는 관료제에 의해 **관리된다.**

관료제는 체계를 구축하고, 무엇이 옳고 그른 사고인지, 누가 신실한 자이며 누가 이단자인지를 결정한다. 요컨대, 이데올로기 조작은 사람들의 사고를 통제함으로써 사람들을 지배하는 가장 중요한 수단 가운데 하나가 된다. 이데올로기는 체계화되면서 자체의 고유한 논리를 획득하게 되며, 용어들은 특정한 의미를 갖게 된다. 그리고 이 점이 매우 중요한데 새로운 사상이나 심지어 그와 반대되는 사상들조차도 여전히 기존의 이데올로기적 준거 틀 안의 용어들로 표현된다. (이러한 사례 가운데 가장 극적인 예 중 하나는 스피노자가 유일신 사상의 신을 부정하면서도, 겉보기에는 정통적 정의와 거의 차이가 없어 보이는 신의 정의라는 용어를 통해 이를 표현했다는 점이다).

맑스의 사상은 이데올로기로 변모되었다. 새로운 관료제가 권력을 장악했고, 원래의 사상과는 정반대되는 원칙들 위에 통치 체제를 확립했다. 러시아인들은 자신들이 계급 없는 사회이며, 진정한 민주주의를 달성했고, 국가의 소멸을 향해 나아가고 있으며, 개성의 가장 완전한 발전과 인간의 자기 결정권을 목표로 하고 있다고 말한다. 이는 맑스의 사상이다. 사실 이 사상은 맑스가 다른 사회주의 및 무정부주의 사상가들, 계몽주의 사상, 그리고 궁극적으로는 서구 휴머니즘 전통 전체와 공유했던 사상이다. 그러나 러시아인들은 이러한 사상을 이데올로기로 변모시켰다. 개인을 희생시키면서 국가를 점점 더 강력하게 만드는 관료제가, 개성과 평등이라는 사상을 내세워 통치하고 있는 것이다.

이 현상을 어떻게 이해할 수 있을까? 소련의 지도자들은 국민을 속이는 단순한 거짓말쟁이인가? 아니면 자신들이 하는 말을 믿지 않는 냉소주의자일까?

이것은 당황스러운 질문이다. 많은 사람들은 러시아인들이 말하는 것을 완전히 믿거나, 아니면 그들이 완전한 거짓말쟁이라고 생각하는 경향이 있다. 그러나 우리가 스스로를 더 자세히 살펴본다면, 우리 역시 무의식중에 똑같은 행동을 하고 있음을 발견하게 될지도 모른다. 서구 사람들은 대부분 신을 믿으며, 따라서 사랑·자선·정의·진리·겸손 등의 신의 원칙을 믿는다. 하지만 이러한 사상들은 우리의 행동에 거의 영향을 미치지 않는다. 우리 대부분을 움직이게 하는 것은 더 나은 물질적 안락함과 안정, 그리고 명예를 얻으려는 욕망이다. 사람들은 신을 **믿고는 있지만**, 실제로는 신에 대해 진정한 관심을 두지 않는다. 다시 말해, 종교적이거나 영적인 문제들로 인해 걱정하거나 잠을 설칠 일도 거의 없다. 그럼에도 불구하고 우리는 스스로를 "신앙이 깊은" 사람이라고 자부하며,

러시아인들을 "무신론자"라고 부른다.

대부분의 미국인들은 우리가 살고 있는 자본주의 체제가 자유롭고 통제되지 않는 시장, 사유 재산, 최소한의 정부 통제, 그리고 개인의 주도성에 기반한다고 믿고 있다. 100년 전에는 그것이 사실이었을지 모르지만, 지금은 그렇지 않다. 생산 수단은 그것의 소유자들에(여전히 소수에 불과한) 의해 실질적으로 통제되지 않고 있으며, 개인의 주도성은 관료주의적 시스템에 묻혀 현실보다는 '서부 영화'에서 더 자주 볼 수 있다. '자유' 시장은 통제되고 조작되는 시장이 되었으며, 국가는 최소한의 개입을 하는 대신 최대의 고용주이자 소비자로서 '정부-기업-군대' 관료제에 바람직하다고 판단할 때마다 산업을 지원한다.

우리는 자유를 사랑하는 사람들의 동맹이라고 말하지만, 상당수의 독재 정권들이 우리 동맹에 속해 있다. 우리는 공산주의자들이 우리를 포섭하여 공산주의를 세계 체제로 만들려 한다고 비난하지만, "러시아 인민과 중국 인민이 현재의 노예 상태에서 해방되는 것을 보는 것 또한 우리의 염원이다. 우리는 전 세계 모든 사람들이 자유롭기를 바란다."(Th.K. 핀레터, 『외교 정책』, 뉴욕 1960, 65쪽)라고 말한다. **우리** 모두가 거짓말쟁이일까? **그들이** 모두 거짓말쟁이일까? 아니면 우리와 그들 모두 진심으로 신념을 말하고 있는 것일까?

이러한 대안들이 유일한 것이 아니라는 점을 온전히 이해하기 위해서는, 프로이트의 가장 중요한 발견 가운데 하나인 "합리화의 본질"에 대해 생각해 보는 것이 유익하다. 프로이트 이전에는, 한 사람이 거짓말을 하지 않는 한 그의 의식적인 생각이 곧 그가 실제로 생각하는 것이라고 일반적으로 믿었다. 그러나 프로이트는 사람이 주관적으로는 완전히 진실할 수 있지만, 그의 생각이 별다른 중요성이나 현실성을 지니지 않을 수 있으며, 그것이 단지 그에게 동기를 부여하는 진정한 충동을 덮기 위한 "합리화"에 불과할 수 있다는 사실을 발견했다.

이러한 메커니즘에 대한 예는 이제 많은 사람들에게 잘 알려져 있다. 선과 선함을 내세워 아내와 자녀를 지배하고 그들의 자유와 자발성을 박탈하는 지나치게 도덕적인 사람을 모르는 사람이 있을까? 그는 자신의 원칙을 늘어놓을 때 거짓말을 하지 않는다. 그러나 그를 분석해 보면, 즉 그의 실제 동기를 연구해 보면, 그를 실제로 움직이는 것은 권력이나 통제에 대한 "욕망wish", 심지어는 모든 종류의 자발성을 억압하려는 가학적인 충동임을 알 수 있다. 이러한 현실은 무의식적이며 그의 의식은 진실이 아니다. 그럼에도 그는 진실한 척하며, 실제로 자신의 동기가 의심받기라도 한다면 진정으로 분노할 것이다. 더욱이 그의 이데올로기는 단순히 허황된 거짓말이나, 고상한 표현을 사용해 가족들을 감동시켜 그들을 더 효과적으로 지배하기 위한 수단에 불과한 것도 아니다. 그는 실제로 선과 선함 그리고 사랑을 갈망하지만, 이러한 충동들에 따라 행동하는 대신, 그것들을 말로 바꾸어 버리고, 사랑에 대해 말하고 있다는 이유만으로 자신이 사랑과 접촉하고 있다고 착각하며 스스로를 기만한다.

스탈린이나 흐루쇼프는, 우리 대부분이 성서나 제퍼슨·에머슨의 말을 이데올로기적으로 사용하는 것과 마찬가지로, 맑스의 말을 **이데올로기적으로** 사용한다. 그러나 우리는 공산주의적 발언의 이데올로기적이고 의례적인 성격을 알아차리지 못하며, 우리의 많은 발언도 이데올로기적이고 의례적인 성격이 있다는 점을 간과한다. 따라서 흐루쇼프가 맑스나 레닌의 말을 하는 것을 들으면 그 말의 원래 의미를 뜻한다고 믿지만, 사실 흐루쇼프에게 그러한 사상들은 유럽 식민주의자들이 이교도의 영혼을 구원하려는 소망을 품었던 것만큼이나 비현실적이다. 역설적이게도 **공산주의 이데올로기를**

진지하게 받아들이는 유일한 사람들은 우리 미국인들뿐이며, 정작 러시아 지도자들은 민족주의, 도덕 교육, 물질적 만족의 향상을 통해 공산주의 이데올로기를 강화하는 데 가장 큰 어려움을 겪고 있다. […]

이데올로기의 본질은 타인뿐만 아니라 그것을 사용하는 사람들조차도 속인다는 데 있다. 따라서 현실과 이데올로기를 구분하는 유일한 방법은 말을 사실로 받아들이는 것이 아니라 행동을 분석하는 데 있다. 만약 내가 어떤 아버지가 아들에게 선을 가르치기 위해서라며 엄하게 대하는 것을 본다면, 나는 어리석게도 그 아버지에게 그의 동기를 묻지 않을 것이다. 대신 나는 그의 전체 성격, 그의 다른 많은 행동들, 비언어적 표현들까지 살펴서 그의 의식적인 의도와 실제 동기를 비교해 그 중요성을 평가할 것이다.

3. 평화에 대한 이론과 전략

세상에는 평화만큼 많은 말과 기만 그리고 협상이 오가는 주
제도 드물다. 평화라는 이론적 문제에 대한 모든 논의는 바
로 이런 사실을 확인하는 데서 시작되어야 한다. […]

평화란 무엇인가?

먼저 평화 이론에 대해 이야기하자면, 첫 번째 질문은 "평화
란 무엇인가?"이다. "평화"라는 단어는 두 가지 의미로 사용
되고 있다. 첫째, 전쟁을 하지 않거나 특정한 목표를 달성하

기 위해 폭력을 사용하지 않는 것이다. 이는 소극적인 정의이다. 그러나 평화에 대한 적극적인 정의, 즉 두 번째 정의에 따르면, 평화는 모든 사람들 사이의 형제애적인 조화로운 상태이다.

먼저 두 번째 정의에 대해 한마디하겠다. 이 정의는 예언가적 개념인 "메시아 시대"에서 처음이자 아마도 가장 탁월하게 표현되었다. 메시아 시대는 사람들이 서로 그리고―중요한 점인데―자연과 조화를 이루고 살아가는 시대이다. 단순히 공격하지 않고 폭력을 사용하지 않는 상태일 뿐만 아니라, 매우 분명하게 말하자면 두려움이 없는 상태, 즉 인간이 최고의 발전을 이룬 형태라고 볼 수 있는 상태이다. 이는 인간의 이성과 사랑의 능력이 완전히 발휘되는 상태이다. 구약성서에서 평화를 의미하는 히브리어 단어인 "샬롬 Schalom"조차도 이러한 의미를 담고 있다. 즉 온전함·조화로움·충만함을 뜻한다.

여전히 이러한 평화가 현실적으로 가능하다고 믿는 사람들이 많지만, 이러한 사람들을 유토피아주의자라고 부르는 사람들도 많이 있다. "유토피아주의자"를 어떻게 이해하느냐가 중요하다. 누가 이에 대한 결정을 내릴까? 물론 다른 사람을 유토피아주의자라고 부르는 것은 쉽다. 마찬가지로 "아직 존재하지 않았던 것은 존재할 수 없다"라는 모토를 가지고 있다는 이유로 자신을 "현실주의자"라고 부르는 사람들도 많다. 이러한 모토가 잘못되었다는 사실은 역사에서 이미 충분히 증명되었다.

어쩌면 이렇게 말할 수도 있을 것이다. 비유적으로 표현하자면, 임신 1개월이 아니라 9개월이 되어서야 출산을 믿는 사람들이 많다. 나는 이런 현실주의자들을 "9개월 현실주의자"라고 부르고 싶다. 사실, "합리적인" 유토피아가 무엇이고 "비합리적인" 유토피아가 무엇인지를 결정하는 유일한 방법은 헤겔이 말한 "실재적 가능성"에 대한 분석을 통해서이다. 그런데 이러한 분석은 사실 현 상태나 과거에 의존하는 것보다 훨씬 어렵다.

물론 이런 의미에서는 **적극적** 평화라는 개념은 예언자들에게만 머물러 있지 않다. 이 개념은 한편으로는 그리스도교의 역사 속에서 그리고 다른 한편으로는 혁명적인 그리스도교 종파와 운동 속에서 더욱 발전해 왔다. 세속적인 형태로는 칼 맑스의 이론에서 그 표현을 찾을 수 있다. 여기서 내가 말하는 것은 맑스의 이론이지, 그와 반대되는 것을 염두에 두고 있는 사람들이 "맑스주의"라고 부르는 것이 아니다.

소극적 평화 이론에 대해 말하자면, 이것이 아마도 일반적으
로 통용되는 이론일 것이다. 오늘날 평화에 대해 이야기할 때,
사람들은 일반적으로 인간의 조화로운 연대 상태나 정신적
측면에서의 인간의 완전한 발달을 생각하지 않고, 단지 전쟁
이 없는 상태를 생각한다. 그리고 이러한 유형의 평화로 이
끄는 다양한 방법이 항상 제시되어 왔다. 어떤 국가도 전쟁
을 시작할 수 없도록 자신의 권력으로 이를 보장하는 초국가
적 권위체를 구축하는 정치적 방법이 있다. 이는 단테Dante의
보편국가에서부터 유엔이나 세계 정부라는 생각에 이르기까
지 다양하다. 경제적 방법도 있다. 이 또한 자유무역을 평화
의 토대로 보는 생각에서부터 평화의 토대로서 폐쇄적 무역
국가를 주장한 피히테의 사상에 이르기까지 다양하다. 또는
순전히 정치적인 방법도 있다. 전쟁이 민주주의를 보장할 것
이라는 윌슨의 생각에서부터 소비에트 사회주의가 평화를
보장할 수 있다는 소련의 주장까지 다양하다.

군사적 관점에서 볼 때, 오늘날의 "공포의 균형"은 "힘의 균
형"이라는 이전의 생각의 연장선상에 있을 뿐이다. 이 생각
은─이는 매우 중요한 요인이다─인간이 합리적으로 행동

하며, 자신의 이익에 반하는 폭력을 사용하지 않으며 또한 인간이 합리적이기 때문에 폭력을 사용하지 않는다는 가정에서 출발한다. 우리는 이미 18세기에서 이러한 생각을 찾아볼 수 있고, 오늘날에도 핵전쟁이 일어날 경우 소련과 미국이 어떻게 행동할지를 알아보기 위해 전쟁 게임을 하는 사람들, 그리고 이상한 방식으로, 즉 양측의 합리성을 기반으로 평화를 계산하는 사람들에게서도 볼 수 있다. 이러한 방식의 평화 보장 또는 평화를 보장하는 이런 소극적인 조건들이 지금까지 성공한 적이 있나? 분명히 그렇지 않다.

핵전쟁의 가능성 때문에 전혀 새로운 상황이 추가되었다. 처음으로 폭력은 그 합리성을 잃어버렸다. 내가 말하는 "합리성"이란 특정한 목표를 달성하는 데 적합한 수단을 사용하는 것을 의미한다. 역사상 처음으로, 심지어 승리한 전쟁조차도 전쟁 수단을 사용하여 달성하고자 했던 목표를 더 이상 보장할 수 없다. 왜냐하면 전쟁은 자기 파괴로 끝나기 때문이다.

이 점에 대해서도 많은 전문가들이 다음과 같이 말한다. "전혀 그렇지 않다. 미국에서는 처음 며칠 동안 1억 명 정도만 죽을 것이고 몇 년 후에는 경제가 새것처럼 회복될 것이다. 폭력의 합리성이 사라진 것이 아니라는 말이다." 나는 이렇

게 생각하는 사람들도 "아홉 달짜리 현실주의자"라고 생각한
다. 그들은 이것이 8천만 명이나 1억 2천만 명의 목숨을 앗아
가는 문제가 아니라, 한 사회 전체의 사회적·도덕적·인간적
구조가 파괴되는 문제라는 사실을 망각하고 있다. 그리고
"최상의 시나리오"에서조차 이러한 광기와 야만이 앞으로 가
져올 결과를 전혀 예측할 수 없다. 어쨌든, 지난 20년 동안의
"공포의 균형"이 겉보기에는 어느 정도 효과를 가져온 것처
럼 보이기는 했다.

내가 "겉보기에는"이라고 말한 이유는 핵전쟁의 자멸적 기능
에 대한 통찰이 일정 기간 동안은 억제적이고 합리적인 요인
으로 작용할 수 있다고 생각하기 때문이다. 하지만 그것은
지속될 수 없다. 쿠바 위기는 양측의 합리적인 고려가 재앙
을 막을 수 있었음을 보여 주었지만, 그 13일간의 과정을 자
세히 지켜본 사람이라면 누구도 상황이 다르게 전개될 수도
있었다는 사실(그리고 이는 위기 당시 소련의 결정에도 반영되었을 가
능성이 높다)과 완전한 재앙으로 이어질 수 있는 상당한 가능성
이 있었다는 사실을 부인할 수 없을 것이다. 군비 경쟁이 길
어질수록, 무기 분야에서 기술적 돌파구가 마련될 가능성이
커지고, 상대방의 공격에 대한 공포가 서로 커질수록, 핵전쟁
의 비합리성이 사회적·심리적 비합리성에 대한 방어막이 될

가능성은 줄어든다.

그럼에도 불구하고 평화 운동가들은 폭력(핵폭력은 제외)의 합리성에 대해 어떠한 환상도 품어서는 안 된다. 간디의 사례는 때때로 가장 강력한 폭력조차도 비폭력passive 저항으로 저지할 수 있다는 증거로 인용되곤 한다. 만약 일본 사람들이 인도를 정복했다면, 간디의 운동은 잉글랜드 통치 하에서와는 다르게 진행되었을 것이다.

실제로 폭력(인류 역사의 대부분은 실제 폭력이든 단순한 위협이든 폭력을 기반으로 형성되어 왔고 지금도 그러하다)은 인간에게 거의 모든 것을 할 수 있게 한다. 하지만 폭력이 할 수 있는 것은 "거의 모든 것"뿐이라는 점을 이해하는 것은 중요하다. 폭력은 일부 사람들에게 원하는 대로 할 수 없다. 그들의 정신적 구조나 신념을 바꿀 수는 없다. 그리고 폭력이 매우 해로운 일정한 부작용을, 무기력함, 활력과 상상력의 마비, 나아가 인류 전체의 창조적 잠재력의 마비를 감수해야만 모든 사람에게는 원하는 대로 할 수 있다. 물론 많은 경우 폭력을 가하는 자들은 이러한 결과를 막는 데 전혀 관심이 없다. 하지만 역사적 과정에서 이러한 결과는 매우 중요한 의미를 지닌다.

현재의 전쟁 위협이라는 주제로 돌아가 보자. 핵전쟁과 관련하여 우리는 체스에서 몇 수 안에 체크메이트를 당할 위기에 처했지만 그나마 무승부를 거둘 작은 가능성은 아직 남아 있는 체스 선수와 같다. 하지만 이 부분은 평화 전략을 이야기할 때 다시 다루도록 하겠다. 지금은 평화 이론에 대해 살펴보고자 한다. 평화 이론은 인간에 대한 이론, 사회에 대한 이론, 그리고 인간과 사회의 상호 작용에 대한 이론, 즉 인간과 사회 모두에서 작용하는 가시적인 힘과 아직 명확히 드러나지 않은 힘 모두를 다루는 역동적인 이론이 필요하다.

인간에게서 공격성의 역할

인간 이론과 관련하여, 나는 특히 인간의 공격성의 역할에 대해 이야기하고자 하는데, 이는 전쟁이 불가피하다는 주된 원인으로 지속적으로 인용되기 때문이다. 나는 지난 몇 년간 이 주제에 대해 많이 연구했기 때문에, 이에 대해 조금 더 자세히 다루고 싶다. 먼저 지적할 점은, "공격성", "파괴성" 그리고 "적대성"이라는 용어가 전체 문헌에서 뒤섞여 사용되고 있어, 이와 관련된 많은 주장과 이론들이 전혀 의미가 없게 되었다는 사실이다. 무언가를 원해서 소리를 지르는 아이의 공격성과 자신의 목표를 추구하면서 보이는 인간의 공격성을 말하면서, 이러한 "공격성"을 파괴하거나 고통을 가하려는 인간의 "파괴성"과 구분하지 않는다면, 당연히 그 어떤 이론도 세울 수 없게 된다. 왜냐하면 완전히 다르고 부분적으로는 상반되는 현상들을 이야기하고 있기 때문이다. 그리고 이것들이 서로 대립되는 현상들이기에 하나의 동일한 원인으로 환원될 수 없다.

이제 나는 **공격성**에 관한 몇 가지 개념들에 대해 이야기하고자 한다. 내 생각으로는 이러한 개념들은 유용한 방식으로 구분되어야 한다. 우선 우리는 심리적인 것이 전혀 아닌 공격성, 다시 말해 행위로서의 공격성이 존재한다는 사실을 잊지 말아야 한다. 파괴를 저지르지만 "파괴 충동"을 지니고 있지 않거나, 심리적으로 파괴에 관심이 없는 사람들도 있다. 그들은 명령에 따를 뿐이며, 파괴를 수행할 때의 태도는 그들이 무엇인가를 건설할 때의 태도와 다르지 않다. 오늘날에는 이러한 일이 더욱 쉽게 일어나는데, 그 이유는 파괴 행위의 상당 부분이 그 대상에서 너무 멀리 떨어진 곳에서 이루어지기 때문에, 인간이 자신이 무엇을 하고 있는지를 직접 보지 않아도 되기 때문이다.

나는 이러한 유형의 공격성을 "조직적 공격성Organisationsaggressivität"이라고 부른다. 여기서 내가 말하는 것은, 파괴를 원해서가 아니라 복종하기 때문에 파괴하는 인간, 즉 지시받은 대로 행동하며, 적절한 명령이 주어지면 건설하듯이 파괴도 수행하는 인간이다. 다만 이 경우에는 하나의 심리적 사실이 추가로 검토되어야 한다. 즉 파괴 행위에 대해 아무런 반응을 보이지 않는다는 점이다. 하지만 그것은 별개의 문제다. 어쨌든, 이러한 유형의 공격성을 지닌 인간은 파괴하려는 욕망에 의해 움직이는 것은 아니다.

아마도 가장 중요한 개념일 텐데, 논의에서 반복해서 등장하고 특히 최근 몇 년 사이 콘라트 로렌츠와 여러 다른 저자들의 작업을 통해 큰 중요성을 얻게 된 개념은, 파괴 충동 그 자체에 대한 생각이다. 즉 인간 내부에 존재하는 **파괴 충동**, 혹은 인간에게 "선천적으로" 주어져 있으며 많은 이들이 성 충동과 비교하면서 이해하는 그러한 본능에 대한 생각이다.

우선 여기서 이야기되고 있는 "충동" 개념을 정의하는 것이 중요하다고 생각한다. 충동이란 자연적으로 발생하여 점점 증대되는 흥분의 양으로서, 그 목표는 대상의 파괴에 있으며, 점점 더 고조되어, 설령 통제되고 있다 하더라도, 결국 폭발로 이어질 수밖에 없는 것으로 이해된다. 이러한 이론에 따르면 인간은 자신의 파괴 충동을 충족시킬 수 있는 대상들을 찾게 되는데, 이는 성적 영역에서 인간이 자신의 성 충동을 충족시킬 수 있는 대상들을 찾는 것과 유사하다.

이것은 콘라트 로렌츠가 주장하는 이론과 대체로 비슷하지만, 그의 몇 가지 다른 논제들과는 모순적이다. 이 복잡한 모순을 지금 상세히 다루기는 어렵다. 로렌츠의 "파괴 충동"은 어떤 측면에서는 프로이트가 "죽음 충동" 이론에서 발견한 것과 같은 개념이지만, 삶 충동 이론 및 죽음 충동 이론, 그리고 원래의 충동 이론 사이에는 상당한 모순이 존재하기에 두 이론에 대한 철저한 분석 없이는 프로이트의 공격성 이론과 파괴성 이론에 대해 논하기가 매우 어렵다.

로렌츠는 한 번은 다음과 같이 매우 간단한 주장을 했다. "공격성은 대립하는 정당이 존재하기 때문에 생겨나는 것이 아니라, 파괴성이 존재하기 때문에 정당이 생겨나는 것이다. 인간은 자신에게 내재된, 그리고 끊임없이 증가하는 파괴성을 충족시킬 수 있는 조건들을 스스로 만들어 낸다." 그러나 내 생각으로는, 파괴적 충동이 성욕과 유사하다는 가정은 타당하지 않다는 점을 보여 줄 수 있다. 다만 여기서 그것을 증명할 시간은 없다. 특히 최근의 신경생리학 연구들이 이를 시사하고 있다. 나는 최근 타계한 가장 영향력 있는 신경생리학자 중 한 사람인 에르난데스 페온Hernandez Péon의 연구를 언급하고자 한다. 그는 공격성 또한 다른 많은 메커니즘과 마찬가지로 흥분을 유발하는 중추Zentrum와 억제하는 중추를 동시에 지니고 있음을 밝혀냈다. 이는 프로이트나 로렌츠의 수력학적 모델에서 가정하듯이, 자연 발생적인 자기 흥분이 발생하고 그 흥분이 점자로 고조되는 과정이 결코 일어나지 않는다는 것을 의미한다.

인류학적·심리학적 자료를 바탕으로 사람마다 파괴성의 정도가 다르다는 것을 보여 줄 수 있다. 따라서 인간에게 본질적으로 내재하는 일반적인 파괴 충동이 존재한다고 가정하는 것은 불가능해 보인다. 프로이트의 죽음 충동에 관해서는 다음과 같은 점을 고려해야 한다. 즉 프로이트에 따르면, 죽음 충동은 인간뿐 아니라 동물에게도 당연히 존재해야 한다. 왜냐하면 그것은 생물학적으로 주어진 요인으로서 모든 생명체, 모든 생명의 근간을 이루기 때문이다. 그러나 동물에 관한 모든 자료를 살펴보면, 외부로 드러나는 공격성이 더 약한 동물이 더 강한 동물보다 더 일찍 죽거나, 더 일찍 병들거나, 심지어 자살(애초에 동물에게는 자살이란 존재하지 않는다)을 한다는 가정을 뒷받침할 만한 근거는 전혀 없다. 다시 말해, 동물에 대한 자료만으로도 죽음 충동 이론이 모든 생명체에 일반적으로 내재하는 경향이라는 이론은 타당하지 않다는 점이 증명된다.

선천적이나 본능적 파괴 충동에 대한 논쟁은 흔히 다음과 같은 양자택일로 첨예화된다. 한편으로는 프로이트, 로렌츠 등의 연구자들이 "그렇다, 본능적인 파괴성은 존재한다"고 주장하는 반면, 다른 한편에서는 다수의 연구자들, 특히 미국의 연구자들은 "아니다, 그런 것은 전혀 존재하지 않는다. 파괴성은 항상 좌절의 결과이거나 학습된 것일 뿐이며, 어떤 경우든 사회와 환경의 영향만으로 충분히 설명될 수 있고, 인간이라는 유기체 자체에 근거를 두지 않는다"라고 주장한다. 그러나 후자의 입장 역시 유지될 수 없다. 왜냐하면 우리는 실제로 뇌에 특정한 중추들이 존재하며, 이 중추들이 자극을 받을 경우, 예를 들어 전기적으로 자극될 때 실제로 공격적인 반응을 일으킨다는 것을 알고 있기 때문이다. 또한 우리는 동물이 생존에 필수적인 이해관계가 위협받는다고 느낄 때, 실제로 공격과 공격성으로 반응한다는 점도 알고 있다.

나는 이 딜레마, 즉 파괴 충동이 선천적인 것인지, 아니면 파괴 충동은 오로지 학습되었거나 환경에서 유발된 것일 뿐이나에 대해 또 다른 해결책이 있다고 생각한다. 이 해결책은 인간의 생리적 구조 안에 공격성에 대한 **준비성**이 존재한다는 가정에 근거한다. 하지만, 다른 이론과의 차이점은, 이것은 성욕처럼 자연 발생적으로, 그리고 지속적으로 스스로 작동하는 것이 아니라, 특정한 자극들에 의해 비로소 활성화된다는 것이다. 이러한 자극들이 존재하지 않는다면, 공격성은 아예 발생하지 않는다. 왜냐하면 공격성은 신경생리학적으로 볼 때, 그 자체의 뇌 중추를 가지고 항상 동시에 작용하는 억제 경향에 의해 제어되기 때문이다.

이는 끊임없이 통제되어야 할 파괴 충동이 존재하는 것이 아니라, 특정한 계기들에 반응할 준비가 항상 되어 있는 파괴 충동이 존재한다는 것이다. 그렇다면 이 계기들은 무엇일까? 일반적으로 말해서 이 계기들은 동물과 인간의 생존에 필수적인 이해관계가 위협받을 때 발생한다. 동물에게 있어서 생존에 필수적인 이해관계는 생존─또한 종의 생존까지 포함하는─, 새끼에 대한 보살핌, 이성과의 교미 그리고 먹이 공급원으로의 접근(넓은 의미에서는 특정 영토에 대한 접근 또한 포함되며, 이는 여러 면에서 먹이, 새끼 보호 등과 밀접하게 연결되어 있음)이다. 이러한 생존에 필수적인 이해관계가 위협받을 때, 공격으로 이어지는 생리학적으로 예정된 반응이 활성화된다. 위협받

지 않을 때는, 그 자체로 자연스럽게 발현되는 파괴 본능은
존재하지 않는다.

인간과 동물의 공격성을 비교해 볼 때, 나뿐만 아니라 많은
다른 심리학자들은, 동물 연구 분야에서 매우 위대한 업적을
남긴 로렌츠가 그의 저서 『공격성에 대하여On Aggression』(뉴
욕, 1966)에서 인간에 관해 말하는 부분만큼은 매우 피상적이
었다고 나는 생각한다. 사실 동물은 본질적으로 필요에 의해
서만 죽이며, 그리고 잔인함 없이 살생한다고 말할 수 있다.
여기서 내가 말하는 "잔인함"이란, 파괴 그 자체에서는 쾌감
을 느끼지 않는다는 것을 뜻한다. 동물 심리학자들은 이러한
가정을 확인하기 위해 많은 자료를 제시해 왔다. (예컨대 같은
종의 동물끼리 싸움에서 패한 동물이 목숨을 잃는 경우는 매우 드물다.)

반응적 공격성

동물은 생존에 필수적인 이해관계가 위협을 받을 때 아주 특
별한 방식으로 반응한다. 즉 그 위협이 즉각적인 경우에만
반응한다. 그리고 여기에서 이미 인간의 반응과의 차이점 중
하나가 나타나는데, 이에 대해서는 곧 언급할 것이다. 인간은
의심할 여지 없이 동물보다 훨씬 더 공격적이고 파괴적이다.

이는 로렌츠 학파에 속한 연구자들을 포함한 많은 연구자들
이 증명한 사실이다. 실제로, 만약 인간이 단지 유인원이나
침팬지의 공격성과 파괴성만 갖고 있었다면, 세상은 상당히
평화로웠을 것이다. 하지만 사실은 그렇지 않다.

그렇다면 인간의 **반응적 공격성**, 즉 생존에 필수적인 이해관
계의 위협에 대한 반응이 동물보다 훨씬 더 강한 이유가 무엇
일까? 그 이유에 대한 설명은 어렵지 않다. 인간이 의식을 가
지고 있다는 사실, 인간의 새로운 뇌가 발달했다는 사실이 동
물에게는 없는 가능성을 인간에게 주기 때문이다.

1) 인간은 앞을 내다볼 수 있기 때문에 현재에는 존재하지 않
   지만 미래에 발생할 수 있는 위험을 미리 볼 수 있다. 따라
   서 인간은 동물과 달리 즉각적인 위험뿐만 아니라 예측 가
   능한 **미래의 위험**에 대해서도 위협을 느낀다.
2) 인간은 자신에게 있어 자기 자신과 자신의 전 존재와 동일
   시되는 상징과 가치를 창조한다. 이러한 상징과 가치에 대
   한 공격은 곧 인간에게 있어 생존에 필수적인 이해관계에
   대한 공격이며, 이러한 차원의 이해관계는 동물에게는 당
   연히 존재하지 않는다.
3) 인간은 자신이 노예가 되는 우상들을 만들지만, 일정한 발
   전 단계에서는 우상 없이는 미치거나 내적으로 붕괴되지

않고는 살아갈 수 없다. 일정한 단계에서 우상에 대한 노예화는 인간의 정신적인 균형을 유지하기 위한 조건이다. 이러한 우상에 대한 모든 공격은 인간의 생존에 필수적인 이해관계에 대한 공격으로 받아들여진다.

여기서 생각해야 할 것은, 여기서 말하는 우상이 구약성서에 나오는 몰록과 아스타르테, 또는 멕시코 종교의 아즈텍 우상만을 가리키는 것이 아니라는 점이다. 그것은 오늘날 우리가 숭배하는 이데올로기, 국가 주권, 민족, 인종, 종교, 자유, 사회주의, 민주주의, 최대 소비, 조직 등의 우상을 포함한다. 이 모든 것들이 우상화되고 있으며, 인간과 분리되어 인간 자체보다 더 중요하고 더 높은 가치가 있는 무언가로 여겨진다. 인간이 우상을 숭배하는 한, 그는 이러한 우상에 대한 어떤 공격도 자신들의 생존에 필수적인 이해관계에 대한 위협으로 느낄 것이다.

인류 역사에서 자신의 우상에 대한 위협만큼 더 큰 적대감과 파괴성을 불러일으킨 위협은 아마 없으리라. 다만 인간은 항상 자신의 우상은 참된 신이며, 타인의 신은 참된 우상이라고 믿음으로써 착각에 빠질 뿐이다. 그러나 이러한 착각은 우상에 대한 위협이 인간의 공격성을 활성화하는 주요 원동력 중 하나라는 사실을 전혀 바꾸지 않는다.

4) 마지막으로 인간에게는 설득되기 쉬운 경향, 즉 암시에 대
한 취약성Suggestibilität이 있다. 인간에게는 실제로 그렇지
않음에도 불구하고, 자신의 생존에 필수적인 이해관계가
위협받고 있다고 믿게 만들 수 있다. 우리가 적을 말할 때
는 이를 "세뇌"라고 하고, 우리가 자신을 말할 때는 "교육"
이라고 한다. 인간의 생존에 필수적인 이해관계가 실제로
위협받고 있든, 아니면 단지 그렇게 믿도록 암시된 것이든
관계없이, 주관적으로 느끼는 반응은 똑같다.

이런 인간의 반응적 파괴성 또는 공격성은 원칙적으로 동물
과 같지만, 내가 방금 언급한 이유들 때문에 동물보다 훨씬
더 광범위하고 심층적이다. 이러한 유형의 반응적 공격성은
파괴 충동 자체가 아니라, 오히려 그 반대라는 것이 분명하다.
오늘날 파괴 충동이 존재한다는 주장은 본질적으로 문제를
은폐하는 기능을 한다. 그것은 인간의 공격성을 실제로 증가
시키는 모든 요인에 대한 조사를 가로막는다.

여기서 진정한 심리적 문제는 다음과 같다. 즉 인간이 자신
의 우상에 의존하는 문제, 비판적 태도의 부족, 암시에 대한
취약성 등인데, 이 모든 것들은 인간의 경우 불완전한 정신적
발달과 연결되어 있다. 그러나 이 모든 요인들은 또한 (일부

원시 사회를 제외하고는) 착취와 폭력의 원칙에 기반해 왔고, 지금도 여전히 그러하며, 생산력의 미발달로 인해 어쩔 수 없이 착취와 폭력에 기반할 수밖에 없었던 사회 구조의 산물이다. 인간은 지금까지의 역사에서 항상 감금 상태로 살아왔으며, 인간의 본성을 기존 상황에서 이해하려는 모든 시도는 동물원에서 특정한 동물의 종을 연구하는 것과 별반 다르지 않다. (포획 상태에 있는 많은 동물이 자유로운 상태에서는 나타나지 않는 공격적인 성향을 보인다는 것은 잘 알려진 사실이다. 아이러니하게도, 이미 얼마 전부터 동물을 자유로운 상태에서 연구하기 시작했지만, 인간에게는 아직 그것이 불가능하다.)

가학적이고 잔인한 피괴성

두 번째 유형의 파괴성은 반응적 공격성과는 전혀 다르며, 인간에게만 특유한 것이다. 나를 이를 **가학적이고 잔인한 파괴성**이라 부르고자 한다. 이는 본질적으로 성적인 것이 아니지만, 무엇보다 성적 행위를 통해서도 나타날 수 있다. 이 파괴성의 목표는 인간과 사물에 대한 전능감을 체험하는 것이다. 이 전능감은 인간과 사물을 절대적으로 통제하는 형태로 드러나며, 심지어 파괴하고 학대하며 고문을 가하는 형태로 이어진다.

이런 전능감의 경험은 그 뿌리를 파악해야만 이해할 수 있다. 그 뿌리는 바로 역사를 통틀어 대부분의 사람들이 경험해 온 무력감이다. 이 무력감은 반드시 의식적일 필요는 없다. 의식적으로 무력감을 느끼는 것은 불편하기에, 자신을 속일 수단은 얼마든지 있기 때문이다. 분명한 것은 인간은 생명체를 창조할 수 없다는 무력감을 느낄 때, 적어도 생명체를 파괴하고 싶어 하는 것 같다. 생명체의 파괴는 창조와 거의 맞먹는 위대한 기적처럼 느껴지기 때문이다. 다만 차이가 있다면, 창조는 노력·규율·재능 그리고 인간의 모든 능력을 발휘해야 하지만, 파괴는 오늘날에는 무기만 있으면 되고, 과거에는 강한 손과 주먹만으로도 가능했다는 점이다.

따라서 우리는 능동적이고 창의적인 경험의 가능성으로부터 가장 동떨어진 개인과 사회 계층—예컨대 히틀러 이전 독일의 하위 중산층이나 이들과 사회적으로 유사한 미국 남부의 백인 계층—에서, 실제 상황으로 인해 기쁨이나 창의력이 가장 부족한 사람들이 다른 계층보다 이러한 가학적이고 파괴적인 성향을 더 자주 드러낸다는 사실을 번번이 발견한다. 비록 그 시간이 한 시간이나 십 분에 불과할지라도, 절대적인 전능감에 대한 경험, 인간 존재의 모든 경계를 허무는 경험, '신이 된다는' 경험은 사회적 삶과 자신의 개인적인 느낌에서 한낱 벌레에 지나지 않는 많은 사람들에게는 기꺼이 죽음을 택할 만한 가치가 있는 경험이다. 이것이 바로 이런 유형의 사람들에게 죽음의 위협이 아무런 영향을 미치지 않는 이유이다. 그 경험은 죽을 만한 가치가 있기 때문이다.

한 인간이 실제로 무제한적인 권력을 가지게 되면, 그는 미쳐 가기 시작한다. 이는 상징적인 의미가 아니라 아주 현실적으로 그렇다는 의미이다. 때로는 반쯤 미쳐 있던 사람들은, 인간이라는 존재의 한계를 망각하게 만드는 상황에 처하게 될 때 완전히 미쳐 버리기도 한다. 이러한 유형의 개인에 대해 알베르 카뮈는 그의 작품 『칼리굴라』에서 매우 아름답고 명확한 분석을 제시한 바 있다. 가학적인 전능감, 흔히 무아경에 취한 파괴성이라고도 불리는 이 특성은 오직 인간에게만 고유한 것이다. 동물에 대해서는 이런 성향이 문헌 어디에도 묘사된 바가 없다. 이것은 인간에게만 있는 이유는 쉽게 이해할 수 있다. 그것은 인간이 동물로서 지닌 나약함과 이성적 존재로서 지닌 또 다른 나약함 사이에서 겪는 실존적 갈등에서 비롯되는 무력감이다. 인간은 바로 이 무력감을 초월하고자 하기 때문이다.

네크로필리아적 파괴성

시간 관계상 간략하게 언급하고자 하는 세 번째 유형의 파괴성은 "네크로필리아적 파괴성nekrophile Destruktivität"이다. "네크로필리아"라는 말은 일반적으로 남성이 여성의 시체에 대해 갖는 성적 관심이라는 성적 도착증을 가리키는 데 사용되어 왔다. 이러한 성적 도착증은 비교적 드물지만 실제로 존재한다. 그러나 내가 여기서 사용하는 성격학적 의미에서의 "네크로필"이라는 개념은, 우나무노Unamuno[2]가 그가 사망하기 여섯 달 전 살라망카에서 행한 유명한 연설에서 처음 사용한 것이다. 그는 그 연설에서 프랑코 휘하의 장군 밀란 아스트라이Millán Astray의 구호인 "죽음 만세Viva la muerte!"에 대응하며 이렇게 말했다. "방금 나는 무의미하고 네크로필리아적인 외침을 들었다." 내가 여기서 사용하는 의미에서도, "네크로필"이란 죽은 것, 부패와 질병, 비생명과 비성장, 그리고 순수하게 기계적인 모든 것에 끌리는 성향을 의미한다.

---

2) 미겔 데 우나무노(1864~1936)는 스페인의 소설가이자 극작가이다. 스페인 내전 당시인 1936년 10월 자신이 총장이던 살라망카 대학교에서 열린 크리스토퍼 콜럼버스의 아메리카 대륙 발견 기념행사에 참석해 연설을 했다가 역시 행사에 참석한 국민파의 유력 인사이자 프랑코의 측근이었던 미얀 아스트라이와 격한 말싸움을 벌인 일화의 내용을 프롬이 소개하고 있다. (옮긴이 주)

이 의미에서 "네크로필리아"는 1907년에 이미 파괴와 기계적이며 생명이 없는 것에 대한 끌림을 탁월하게 명확하게 표현한 마리네티3)의 미래주의 선언문에서도 언급된다. 네크로필리아와 반대되는 것은 내가 "바이오필리아"라고 부른 것으로, 생명에 대한 특별한 사랑이다. 이는 모든 다른 사람들처럼 평범하게 살고 싶어 할 뿐만 아니라, 살아 있고, 성장하며, 조직체를 가지고 있고, 형성되며, 기계적이지 않은 모든 것에서 특별한 즐거움을 느끼는 사람들의 특징이다.

여기서 이 네크로필리아 개념과 바이오필리아 개념 사이의 연관성을 프로이트의 삶의 본능과 죽음 본능과 연관시켜 논하는 것은 자연스러운 일처럼 보인다. 나는 다음과 같은 점만 언급하고자 한다. 내 생각에 가장 큰 차이점은, 프로이트에게 죽음 본능은 생물학적으로 정상적인 것인 반면, 죽은 것에 대한 끌림, 즉 네크로필리아는 병리적인 것이라는 점이다. 더욱이 최근 몇 년 동안 여러 연구에서 죽음과 부패를 사랑하는 사람들을 로르샤흐 검사4)를 통해서나, 꿈, 그리고 특정 증상들을 통해 임상적으로 매우 명확하게 식별할 수 있다는 사

---

3) 필리포 마리네티(1876~1944)는 이탈리아의 사상가이자 시인이다. 30세기 미래파 운동의 선구자이다. (옮긴이 주)
4) 스위스의 정신과 의사 헤르만 로르샤흐H. Rorschsch가 1921년 개발한 성격 검사 방법. (옮긴이 주)

실이 밝혀졌다. 이와 관련된 자료는 이미 현재 상당히 많이 축적되어 있다.

평화 이론을 위해서는 훨씬 더 발전된 인간에 대한 이론, 즉 휴머니즘적이면서도 역동적인 인류학, 또는 더 구체적으로 말하자면 휴머니즘적 정신분석이 필요하다는 점을 지적하며 이 발언을 마무리 짓고자 한다. 다만 정신분석을 무엇으로 이해하느냐에 대해서는 예를 들어 마르쿠제와 내가 매우 다른 견해를 가지고 있는 문제이지만, 여기서 그 차이점을 자세히 논하는 것은 이 논의의 범위를 훨씬 벗어나는 일이 될 것이다. [이 질문에 대한 프롬과 마르쿠제의 논쟁의 발췌문은 여기에 실려 있지 않으니 참고하기 바람.]

사회 이론에 대해 단 한 가지 점만 지적하고자 한다. 바로 사회가 2차 산업혁명 시기에 인간의 공격성을 증가시키는 매우 특정한 조건을 만들어 냈다는 사실이다. 특히 내가 말하고 싶은 것은 감정과 지성 사이의 점점 커지는 분리이다. 내 생각에는 우리는 점차 감정과 사고의 이러한 분열 속에서 정확히 나타나는, 경미하지만 만성적인 정신분열증의 발병Entwicklung 으로 나아가고 있다.

그 결과는 적대감뿐만 아니라 삶에 대한 무관심이기도 하다. 그러나 삶에 대한 무관심은 파괴성보다도 오히려, 인간이 타인과 자신을 파괴하려는 준비 상태에 이르게 하는 가장 위험한 원인 가운데 하나일지도 모른다. 평화에 대한 논의에서 이 점을 결코 가볍게 여겨서는 안 된다.

평화 전략에 대해

평화 **전략**에 대해 몇 마디만 더 하고자 한다. 나는 우리가 논할 수 있는 것은 주어진 사회적 조건 하에서의 전략뿐이라고 생각한다. 인간과 사회가 근본적으로 변할 때까지 기다릴 충분한 시간이 없다(두 가지는 함께 나아간다). 산업 사회에서 혁명에 대해 하는 모든 이야기는 본질적으로 그것을 말하는 사람들을 만족시킬 수는 있지만, 그 외에는 의미가 없다. 왜냐하면 그 근거가 현실적이지 않기 때문이다. 따라서 우리는 주어진 상황에서 향후 5년 또는 10년 동안 평화를 위해 무엇을 할 수 있는지를 이야기해야 한다.

나는 평화의 가능성이 매우 낮다고 생각한다. 그러나 동시에 나는 이렇게도 생각한다. 개인의 삶이든 사회의 삶이든, 그것이 걸려 있는 문제라면 계산을 하여 확률로 따질 수 있는 것이 아니라, 아직 실질적인 가능성이 남아 있을 때 행동하고 계획해야 한다는 것이다. 비록 나는 우리가 최선의 경우 기껏해야 무승부 상태, 다시 말해 우리에게 잠시 숨을 돌릴 여유를 주는 기간에 도달할 수 있을 뿐이라고 보지만, 그럼에도 불구하고 그러한 현실적 가능성은 아직 남아 있다고 믿는다. 그리고 바로 그 숨 고르기의 시간은, 인간과 사회의 실제적인 변화에 기초한 조치들, 곧 진정한 평화로 이어질 수 있는 조치들을 마련하기 위해 필요하다.

긍정적인 의미의 평화만이 전쟁 없는 진정한 의미의 지속적인 평화를 보장할 수 있다. 기존의 인간적·사회적 권력 관계가 지속되는 한, 평화는 항상 매우 불확실할 것이며, 핵 시대에는 언제든 전면적인 파괴에 직면할 수 있다. 나는 **주어진 사회적 조건 하에서** 평화 전략의 몇 가지 요인만을 언급하고자 한다.

1) 전쟁 전략과는 달리 평화 전략의 목표는, 이 점이 핵심인데, 상대의 패배를 피하는 데 있어야 한다. 그 이유는 간단하며, 지난 10년, 20년간의 사건들에서 우리는 이를 충분히 확인할 수 있다. 이른바 냉전이나 외교 무대에서 상대에게 가능한 한 많은 패배를 안겨 주려 한다면, 그 결과는 하나

뿐이다. 즉 상대의 정책이 더욱 강경해진다는 것이다. 이는 새로운 매파(강경파) 집단이 권력을 장악하는 형태로 나타나거나, 기존에 평화적인 전술을 취하던 인물들조차 매파의 전술에 동조하는 형태로 나타난다. 상대에게 외교적 패배를 안기는 것이 곧 평화를 위한 일이라는 생각은 잘못된 것이다. 사실 이러한 점은 19세기의 외교관들과 정치가들이 비교적 잘 알고 있었고, 많은 경우 실제로 그에 따라 행동하기도 했다. 그러나 오늘날에는 이에 대한 인식이 훨씬 희미해진 듯하다.

평화를 위한 유일한 전략은 상호 이익을 인정하는 것이다. 이는 매우 구체적으로 말하자면 기존의 영향권을 인정하는 동시에 이러한 영향권 밖에 있는 사회들을 중립화하는 것을 의미한다. 그러나 이 중립화가 '중립화된' 국가들에서 혁명이 일어날 수 없다는 것을 의미하지 않는다는 점을 반드시 강조해야 한다. 다만 이러한 혁명들이 외교 정책의 세력 균형을 변화시켜서는 안 된다. 다시 말해 강대국들이 자국의 외교적 목표를 위해 이를 이용해서는 안 된다는 것이다. 하지만 이러한 모든 목표들 역시, 여기에 다른 정치적 목표가 추가되지 않는 한 결코 충분하지 않다.

2) 평화 전략의 핵심은 평화라는 이념을 위해 많은 대중을 동원하는 데 있으며, 그 목표는 모든 나라의 통치자들에게 전

쟁에 반대하고 광기에 가까운 계산을 중단하라는 압력을 여론을 통해 가하는 데 있다. 이는 무엇보다도 사실에 대한 계몽, 비판적 사고에 대한 교육, 그리고 평화와 대외정책에 관한 사실들을 둘러싸고 자행되어 온 기만과 속임수를 폭로하여 드러내는 것을 의미한다.

이런 점에서 평화 운동은 어느 정도 상당한 성공을 거두었다. 미국은 최근 몇 년 동안 평화 운동이 여론에 압력을 행사하여 성공한 사례가 있다. 특히 베트남 전쟁과 관련하여 그러하다. 그러나 그것만으로는 충분하지 않다. 사람들의 지성과 논리에만 호소해서는 안 되며, 그들의 전인적全人的인 측면, 즉 감정에도 호소해야 한다.

오늘날 전 세계에는 우리 소비문화의 스타일과 생활 방식에 대해 깊은 불만을 느끼는 사람들이 많다. 이러한 무의식적인 불만을 의식 속으로 끌어올리는 것이 중요하다. (아마도 매카시 캠페인에서 결정적 상황 중 하나는 매카시가 실제로 이런 불만을 동원했고, 그 불만이 미국의 매우 광범위한 계층에 존재한다는 것이 드러난 점이리라.) 그러나 그것은 그 이상을 의미한다.

궁극적으로 중요한 것은 인간적인 사회, 즉 인간들이 기계의 부품이 아닌, 수동적인 존재가 아니라 능동적으로 참여하는 사회, 관료주의에 의해 관리되지 않고 극심한 지루함에 시달리지 않는 사회에 대한 비전을 보여 주는 것이다. 많은 사람들이 이를 느끼지만, 대부분 무의식적으로 느낀다. 이러한 느낌은 단순히 인간의 지적인 측면이나 전쟁을 피하려는 관심만이 아니라, 전인적 측면에 호소하는 영향력을 통해 의식화될 수 있다.

여기에는 내가 앞서 언급한 우상들을 신격화하지 않으려는 체계적이고 집중적인 시도도 포함된다. 인간이 우상을 숭배하는 한, 그는 자신의 삶과 타인의 삶을 긍정하는 자유인으로 생각하고 행동할 수 없다. 우상에 대한 부정과 투쟁은 증오와 폭력을 완화하는 것과 관련이 있다. 나는 평화를 위한 것이라 하더라도 증오와 폭력은 결국 증오와 폭력만을 낳을 것이라고 생각한다. 우리의 가능성에 가장 밀접하게 얽매이고 제한된 시대, 즉 핵무기의 시대에는 우리가 그 어떤 목적을 위해서든 증오와 폭력을 선동하는 것은 평화에 위험하다. 이에 대해서는 유토피아주의자로 여겨지는 사람들 사이에서도 의견이 매우 분분하다.

평화운동은 평화운동이라는 그 자체를 넘어 발본적인 휴머

니즘 운동으로 나아갈 때, 산업사회가 초래하는 생동감의 결
핍으로 고통받는 모든 인간들에게 호소할 수 있을 때, 그리고
새로운 사회와 새로운 인간에 대한 비전을 제시할 수 있을 때
비로소 성공할 수 있다. 평화운동이 사람들을—간접적으로는
통치자들과 권력자들까지—평화로 이끌 수 있을지는 미지수
이다. 하지만 나는 주어진 조건 하에서 평화를 위해 할 수 있
는 것은 이 시도밖에 없다고 생각한다. 장기적으로 볼 때, 사
회의 근본적인 변화만이 지속적인 평화를 가져올 수 있다.

[다음 부분은 토론 중에 나온 프롬의 발언을 발췌한 것이다.]

혁명의 문제에 대해

나는 앞서 논의했던 **혁명**의 문제로 다시 돌아가고자 한다.
맑스의 개념인 생산력과 생산관계, 즉 생산력과 사회적·이데
올로기적·정치적 조건 사이의 모순보다 현재 상황을 더 잘
설명할 수 있는 것은 없다. 오늘날 이러한 모순은 어쩌면 이
전의 그 어느 때보다 심각하다. 이는 한편으로는 무기 기술
을 포함한 신기술, 즉 거의 매년 변하고 발전하고 있는 생산
력과, 다른 한편으로는 낡은 생산력 구조에 속하는 사회적·

정치적·사상적 형태 사이의 모순 때문이다.

맑스 이론에 따르면, 이러한 모순이 발생할 때마다 그것은 혁명적 상황이 된다. 하지만 나는 우리가 혁명적 상황에 서 있다고 생각하지 않는다. 특히 현대 기술 사회의 두 보루인 미국과 소련에서는 더욱 그렇다. 물론 혁명적 상황이라고 주장할 수도 있다. 그렇다면 그 주장은 반드시 근거를 제시해야 한다. 그러나 나는 이 문제를 가볍게 다루며, "그래 어쩌면 가능할지도 몰라, 아주 조금이라도"라고 말하는 태도는 매우 위험하다고 생각한다.

혁명적 상황인지 아닌지를 판단하는 것은 무엇보다 먼저 내려야 할 가장 중요한 정치적 결정이다. 만약 혁명적 상황이라고 판단하면 그에 따라 전략이 이어지고, 그렇지 않다고 판단하면 다른 전략이 따른다. 그러나 이 두 가지를 혼동하거나, 더 이상의 근거도 제시하지 못하고 충분한 이유도 없으면서 그저 희박한 가능성만을 고려하는 것은 불행을 불러온다.

나는 여기서 한 번 레닌을 상기시키고자 한다. 그는 1917년 봄에도 "임시 정부를 타도하자"라는 구호가 "헛소리Phraseologie와 모험주의"의 표현이라고 쓴 바 있다. 레닌은 이 말을 자주 사용했다. 그가 쓴 것처럼, 우리는 혁명적 상황에 있지 않다. 이것은 레닌에게 판단의 핵심 문제였다. 오늘날 그가 살아 있다면, 이른바 급진주의의 많은 발언에 대해 "헛소리와 모험주의"라는 말로 응답했을 것이다. 이는 선한 의도와는 아무런 관계가 없다. 여기서 문제는 의도가 무엇이냐가 아니라, 그것이 객관적으로 어떤 기능을 수행하느냐이다.

나는 또한 프랑스에서 일어난 일로부터 미국에서 벌어지는 일에 대해 결론을 내릴 수 있다고 생각하지 않는다. 체코슬로바키아 출신의 동료는 자국 노동자들의 진보적 역할에 대해 언급했다. 이것은 1968년 메이데이에 프랑스에서 젊은 노동자들이 했던 진보적 역할만큼이나 굉장히 중요한 사건이다. 하지만 미국을 보면, 전체 노동자는 대부분 보수적이며, 심지어 반동적이기조차 하다.

기계의 부품으로서의 인간

우리가 직면한 또 다른 **대안**, 그리고 내가 가능성이 높다고 생각하는 것은, 현대 미국의 가장 중요한 사상가 중 한 명인 루이스 멈포드Lewis Mumford가 "메가머신Megamaschine"이라고 부른 것이다. 그는 이를 기존 사회와 근본적으로 다른 새로운 형태의 사회라고 주장하면서, 이 변화에 비하면 프랑스 혁명과 러시아 혁명도 빛이 바랜다고 말한다. 전체 사회가 하나의 기계로 조직되고, 개인이 그 기계의 부품이 되어 기계 전체에 입력된 프로그램에 의해 조종되는 사회 질서이다. 인간은 물질적으로 만족하지만, 스스로 결정하지 않고, 생각하지 않으며, 느끼지 않은 채, 프로그램에 의해 조종된다. 심지어 기계를 관리하는 사람들조차 프로그램에 의해 조종된다는 점을 덧붙여야 한다.

이 프로그램의 가장 핵심적인 특징 중 하나는 기술 국가의 새로운 도덕이다. 즉 기술적으로 가능한 것은 반드시 해야 한다는 것이다. 기술적으로 가능한 것이 도덕적 가치가 된다. 달에 갈 수 있다면 가야 하고, 가장 파괴적인 무기를 만들 수 있다면 만들어야 한다. 더 이상 인간에게 선하고, 진실하며, 아름다운 것이 아니라, 기술적으로 가능한 가치가 인간의 행동을 결정하는 핵심 가치가 된다. 이는 사실상 인류가 수천 년에 걸쳐 만들어 왔고 그들에게 희망을 주었던 모든 가치를 포기하는 것을 의미한다. 그리고 이것이 전면적인 파괴로 이끄는 바로 그 조건이다.

대안으로서의 휴머니즘

아직 다른 대안이 남아 있을까? 공산주의 국가들과 자본주의 국가들 모두에서, 인류의 상당한 일부를 이루는 대항 세력이 존재한다. 이들은 아직 휴머니즘적 전통을 잃지 않았고, 여전히 삶을 사랑하며 로봇이 되기를 원하지 않는 사람들이다. 그들은 인류를 위협하는 위험에 저항한다. 그 위험은 단지 물리적 의미에서의 절멸뿐만 아니라, 인간을 인간답게 만드는 모든 것을 잠식하는 정신적 파괴이기도 하다.

이러한 대항 세력은 특정 계급이나 정치적 이데올로기에 귀속될 수 없다. 1968년 매카시의 미국 대통령 선거운동에서 매우 명확하게 드러났듯이, 인간주의적 보수주의자부터 휴머니즘적 급진주의자에 이르기까지, 전통적인 의미에서는 전혀 '자유주의적'이라고 할 수 없는, 그러나 매우 구체적인 공통의 기본 정서가 존재한다. 그것은 생명의 이름으로 이루어지는 저항이었다. 즉 관료화, 전쟁, 그리고 인간의 자동화에 반대하는 저항이다. 평화를 위한 유일한 희망은 바로 이 집단의 사람들이다. 문제는 이들이 메가머신으로 나아가는 흐름을, 그리고 그에 따라 전쟁으로 나아가는 길을 멈출 수 있을 만큼 충분히 강한가 하는 점이다.

우리는 무엇을 할 수 있는가? 우선 우리는 이 집단을 동원할 수 있다. 내 생각에 이것이 유일하게 현실적인 길이다. 이를 위해서는 무엇보다도 상황에 대한 철저한 분석과 이데올로기와 왜곡에 대한 폭로가 중요하다. 이는 특히 과학자와 지식인의 과제이다. 둘째, 대다수의 사람들이 무엇으로 고통받고 있는지를 자각하게 만드는 일이 중요하다. 즉 그들의 불안, 고립감, 그리고 거의 견디기 어려운 소외 상태를 자각하게 하는 것이다. 셋째로, 인간의 발전이 오늘날의 기술 사회에서처럼 심각하게 저해되지 않고, 인간의 독립성이 다시 회복되는 사회를 향한 사람들의 깊은 열망에 호소해야 한다. 이는 아직 살아 있는 휴머니즘적 전통에 대한 호소이다.

인간이 선한가 악한가에 대해서는 많은 논의가 있어 왔다. 이 점에서 나는 인간의 악한 힘을 나보다 더 강하게 강조하는 H.J. 모르겐타우Morgenthau와는 의견을 달리한다. 나는 인간의 선함이 과장되어 왔다고 생각하며, 그 과정에서 인간이 실제로는 선과 악 양쪽 모두에 대한 능력을 지니고 있다는 사실이 간과되었다고 본다. 그러나 여기서 한 가지 생물학적 원칙을 잊어서는 안 된다. 인간은 살아 있는 존재이며, 그렇게 살고자 노력한다. 그리고 모든 생명체는 죽음이 아니라 생명을 원한다.

인간은 인류의 역사 대부분을 지배해온 환경의 영향을 받아왔다. 소수만을 위한 식탁이 차려진 반면, 수십만, 수백만 명은 식탁에 둘러앉아 식사를 할 수 없었다. 이 상황은 이제 처음으로 바뀔 수 있지만, 정치적 조건이 마련된다고 해서 내일 당장 개발도상국 사람들이 배부르게 먹을 수 있을 것이라는 경솔한 낙관주의에 빠져서도 안 된다. 이 역시 최선의 경우에도 오랜 시간이 걸릴 것이며, 증오와 광신 그리고 분노가 없어야만 이루어질 수 있을 것이다.

분노의 이면에는 종종 도덕적 분노로 합리화된 증오가 숨어 있다. 분노의 대상이 없다면 자신의 삶의 목적을 잃은 듯한 사람들도 있다. 어쨌든 증오는 판단력을 왜곡할 뿐만 아니라 우리가 호소하고자 하는 많은 사람들을 오히려 멀어지게 한다. 우리는 그들을 이해하고, 설명하고, 계몽해야 한다.

또 하나의 중요한 과제는 **민주주의**의 새로운 가능성을 모색하는 일이다. 확실히 말해, 현재 실행되고 있는 민주주의는 상당 부분 하나의 연극farce에 불과하다. 하지만 미국에서 흔히 "참여 민주주의"라고 불리는 것, 즉 민주적 과정에 대한 사람들의 적극적 참여를 어떻게 실현할 수 있을 것인가? 기존의 의회 민주주의를 새로운 형태로 어떻게 보완할 수 있을까?

이에 대해서는 여러 제안이 가능하며, 그러한 제안은 나름의 논리를 통해 사람들의 상상력에 일정한 영향을 미칠 것이다. 또한 평화를 옹호하는 우리도 더 이상 전통적인 개념에만 머물러 있어서는 안 된다. 오히려 사람들의 상상력에 호소할 수 있는 전혀 새로운 구상과 아이디어에 도달해야 한다. 로버트 융크Robert Jungk를 비롯한 다른 사람들이 말한 바도 바로 이러한 방향에 놓여 있다.

더 나아가 우리는 인간 전체와 분리되지 않은 새로운 유형의 **정치**가 필요하다. 사람들은 정치에 대해 점점 더 회의적이다. 우리가 사람들의 전인적인 면에 호소할 때에만 사람들에게 다가설 수 있다. 이는 정치가 다시금 그들의 세계관의 일부가 될 때에만 가능하다. 다시 말해 이는 정치 자체를 넘어서는 것에 호소해야 하며, 한때 맑스 시대부터 20세기 초까지의 사회주의가 호소했으며, 그랬기 때문에 엄청난 성과를 거둘 수 있었던 바로 그것에 다시 호소해야 한다. 이 언어는 단지 경제적 이해관계에만 호소하는 언어가 아니라 세속화된 형태의 예언자적 메시지의 언어였다.

마지막으로, 자발적인 집단 활동을 단지 조직하는 데 그치지 않고 적극적으로 촉진하는 것이 중요하다. 평화운동은 특히 집단 활동을 지원하는 데 있어 매우 창의적이어야 한다. 통계적으로 보자면 평화에 대한 전망은 좋지 않지만, 여전히 기회는 존재한다.

우리가 지금 필요한 것은 인류가 다시금 숙고할 수 있는 숨 돌릴 시간, 곧 성찰의 시간이다. 그 시간 동안 휴머니즘적 힘들이 작용할 수 있고, 위험에 대해 경고할 수 있으며, 새로운 비전을 제시할 수 있어야 한다. 우리는 예언자부터 오늘날에 이르기까지 이어져 온, 아직 죽지 않은 전통에 호소할 수 있다는 이점이 있다. 또한 삶에 대한 열망과 인간적 본질의 실현에 대한 갈망이 오늘날 모든 계층과 연령대에 걸쳐 존재한다는 점도 우리의 이점이다.

또 하나의 이점은, 메가머신의 대표자들, 곧 기술사회의 대표자들 스스로는 아무런 사상도 갖고 있지 않다는 점이다. 역사적으로 보면, 사상은 사상이 부재한 상태와 맞설 때 종종 예상치 못한 관철력을 발휘해 왔다. 우리가 필요로 하는 것은 새로운 태도이며, 나는 거의 이렇게 말하고 싶다. 냉소적인 현실주의와 신념의 결합, 모든 감상주의와 모든 비이성성을 피하면서도 현실적인 가능성에 대한 믿음을 결합하는 태도가 그것이다. 이것이 바로 희망의 역설이다. 희망은 어쩌면 결코 오지 않을지도 모르는 것을 수동적으로 기다리는 태도도 아니고, 지금 당장 올 수 없는 것을 억지로 강요하려는 태도도 아니다. 이 희망의 역설과 함께 살아가는 것은 어렵지만, 그러나 내 생각에는 이것이야말로 우리 모두에게 가능한 유일한 길이다.

제 3 부

정체성 탐색과 우익 나르시시즘

1. 정체성과 소속감의 필요성

최근 몇 년 동안, 특히 에릭 에릭슨Erik Erikson의 뛰어난 연구
에 힘입어 정체성 문제는 심리학적 논의에서 매우 중요한 위
치를 차지하게 되었다. 그는 "정체성 위기"에 대해 언급하면
서, 의심할 여지 없이 산업 사회의 중요한 심리적 문제 중 하
나를 짚어 냈다. 그러나 내 생각에는 그는 정체성과 정체성
위기라는 현상을 온전히 이해하는 데 필요한 만큼 깊이 있게
파고들지는 못했다. 산업 사회에서 인간은 사물로 변모하며,
사물에는 정체성이 없다. 아니면 있을까? 특정 연식과 모델
의 포드 자동차는 같은 모델의 다른 자동차와 똑같고, 다른

모델이나 연식의 자동차와는 다르지 않을까? 모든 달러 지폐 역시 정체성을 가지고 있지 않나? 똑같은 디자인, 가치, 교환 가능성을 지녔다는 점에서 다른 달러 지폐와 똑같지만, 사용 기간에 따른 종이의 질적 차이 때문에 다른 달러 지폐와 구별된다. 사물은 이처럼 같을 수도 다를 수도 있다. 하지만 정체성에 대해 말할 때, 우리는 사물에는 속하지 않고 인간에게만 속하는 특성을 말하는 것이다.

정체성은 무엇을 의미하는가?

그렇다면 인간적 의미에서 정체성이란 무엇일까? 이 질문에 대한 많은 접근 방식들 중에서, 나는 정체성이란 한 사람이 정당하게 "나(I)"라고 말할 수 있게 해 주는 경험이라는 개념만을 강조하고 싶다. 여기서 "나"란, 나의 모든 실제적 또는 잠재적 활동 구조의 조직적이고 능동적 중심을 의미한다. 이러한 "나"에 대한 경험은 자발적인 활동 상태에서만 존재하며, 수동적이고 반쯤 깨어 있는 상태, 즉 사람들이 일상적인 업무를 할 수 있을 만큼은 깨어 있지만, 자기 내부에서의 능동적인 중심인 "나"를 감지할 정도로 충분히 깨어 있지 않은 상태에서는 존재하지 않는다. (동양 사상에서는 이러한 "나"의 중심이 때로는 두 눈 사이, 곧 신화적 언어로 말하자면 한때 "세 번째 눈"이 있었다고 여겨지는 자리에 위치한 것으로 느껴지기도 했다.)

여기서 말하는 "나"라는 개념은 자아ego라는 개념과 다르다. (여기에서 나는 자아를 프로이트적 의미로 사용하지 않고, 예를 들어 "자아가 큰" 사람과 같이 일반적인 의미로 사용한다.) 나의 "자아"에 대한 경험은 나 자신을 하나의 사물로 경험하는 것이다. 이 경우 나 자신은 내가 가진 몸, 내가 가진 기억, 돈, 집, 사회적 지위, 권력, 자녀 그리고 내가 **가진** 문제들로 경험하는 것이다. 나는 나 자신을 사물로 바라보고, 나의 사회적 역할은 또 다른 사물성의 특성이다.

많은 사람들이 자아ego의 정체성과 "나" 또는 자기self 정체성을 쉽게 혼동한다. 이 둘의 차이는 근본적이고 명확하다. 자아와 자아 정체성의 경험은 소유라는 개념에 기반하고 있다. 나는 "나"를 **소유하고 있고**, 이 "나"가 소유하는 다른 모든 것들도 소유하고 있는 것이다. "나" 또는 자기 정체성은 "소유"가 아닌 "존재"의 범주를 의미한다. 나는 살아 있고, 관심이 있고, 관계를 맺고, 능동적이며, 타인이나 나 자신에게 보이는 나의 모습과 내 인격의 핵심이 통합을 이루었을 때에만 "나"로서 존재한다. 우리 시대의 정체성 위기는 본질적으로 인간의 소외와 사물화가 심화된 데서 비롯된 것이며, 인간이

다시 살아나고 다시 능동적이 될 때만 해결될 수 있다. 소외된 인간을 살아 있는 인간으로 근본적으로 변화시키는 것 외에는 정체성 위기를 해결할 어떤 심리적 지름길은 없다.

인간은 "나"라고 말할 수 있는, 즉 자신을 분리된 존재로 자각할 수 있는 동물로 정의될 수 있다. 자연 속에 존재하며 그것을 초월하지 못하는 동물은 자신을 자각할 수 없으며, 정체성을 느낄 필요도 없다. 반면 자연으로부터 분리되어 이성과 상상력을 부여받은 인간은 자신에 대한 개념을 형성해야 하고, "나는 나다"라고 말하고 느낄 필요가 있다. 인간은 **살아짐을 당하는 존재**lived가 아니라 **스스로 살아가는 주체**lives이므로, 자연과의 원초적 통합을 상실했기 때문에, 결정을 내려야 하며, 자신과 타인인 이웃을 서로 다른 인격체로 자각하기 때문에 자신의 행동의 주체로서 자신을 느낄 수 있어야 한다.

관계 맺음, 뿌리내림, 초월에 대한 필요성과 마찬가지로, 정체성을 느껴야 한다는 필요성은 너무나도 생명에 필수적이라 피할 수 없는 것이기에, 인간은 이를 충족시킬 어떤 방식을 찾지 못한다면 정신적으로 온전한 상태를 유지할 수가 없다. 인간의 정체성은 어머니와 자연에 자신을 묶어 두던 "일차적 유대primary bonds"로부터 벗어나는 과정 속에서 형성된다. 아직 어머니와 하나로 느끼고 있는 영아는 "나"라고 말할 수 없으며, 그럴 필요도 없다. 오직 외부 세계를 자기 자신과 분리된 다른 것으로 인식하게 된 이후에야, 그는 비로소 자신을 하나의 독립된 존재로 자각하게 되며, 자기 자신을 가리키는 단어로 사용되는 "나"는 가장 나중에 배우는 단어들 가운데 하나이다.

집단 정체성과 개별 정체성

인류의 발전 과정에서, 인간이 자신을 하나의 분리된 자아로 자각하는 정도는 그가 씨족으로부터 얼마나 벗어났는지, 그리고 개별화의 과정이 얼마나 진행되었는지에 달려 있다. 원시적 씨족의 구성원은 자신의 정체성을 "나는 우리다(I am we)"라는 공식으로 표현했을 것이며, 아직 집단과 분리되어 존재하는 "개인"으로서의 자신을 상상할 수는 없었다. 중세 세계에서 개인은 봉건적 위계 속에서 자신의 사회적 역할과 동일시되었다. 농민은 우연히 농민이 된 인간이 아니었고, 봉건 영주는 우연히 봉건 영주가 된 인간이 아니었다. 그는 곧 농민이거나 영주였으며, 이러한 불변의 신분에 대한 자각은 그의 정체성의 본질적인 일부를 이루고 있었다.

봉건제도가 붕괴되었을 때, 이러한 정체성은 흔들리게 되었고, "나는 누구인가Who am I?"라는 날카로운 질문, 좀 더 정확히 말하면, "나는 내가 나라는 것을 어떻게 알 수 있는가How do I know that I am I?"라는 질문이 제기되었다. 이는 철학적 형태로 데카르트가 제기한 질문이다. 그는 정체성을 찾는 질문에 "나는 의심한다, 그러므로 나는 생각한다. 나는 생각한다, 그러므로 나는 존재한다."라고 답했다. 이 답변은 모든 사고 활동의 주체로서 "나"의 경험을 강조했다. 하지만 "나"가 감정과 창조적 행위의 과정에서도 경험된다는 사실을 보지 못했다.

서구 문화의 발전은 개성이 온전히 경험될 수 있는 토대를 마련하는 방향으로 나아갔다. 개인을 정치적·경제적으로 자유롭게 만들고, 스스로 사고하도록 가르치며, 권위주의적 압력에서 해방시킴으로서, 인간이 자신의 능력의 중심이자 능동적 주체로서 '나(I)'를 느끼고 그렇게 자신을 경험할 수 있기를 바랐다. 그러나 소수만이 이러한 새로운 "나"의 경험할 수 있었다. 대다수에게 개인주의는 개인적인 정체성을 획득하지 못한 실패를 감추는 허울에 불과했다.

진정으로 개인의 자기 정체성을 대신할 수 있는 많은 대체물들이 모색되었고, 실제로 발견되었다. 국가·종교·계급·직업은 정체성을 제공하는 역할을 한다. "나는 미국인이다", "나는 프로테스탄트다", "나는 사업가다"와 같은 상투적 문구들은, 원초적인 씨족적 정체성이 사라진 후 아직 진정한 개인적인 정체성을 획득하기 전까지 한 사람이 정체성을 경험하도록 돕는다. 이러한 서로 다른 동일시들은 현대 사회에서 대개 동시에 함께 사용된다. 이러한 동일시들은 넓은 의미에서 지위에 대한 동일시이며, 유럽 국가들에서처럼 낡은 봉건적 잔재들과 결합될 때 더 효과적으로 작동한다. 봉건적 잔재들이 거의 남아 있지 않고 사회적 이동성이 매우 큰 미국에서는, 이러한 지위 동일시가 당연히 덜 효과적이며, 정체성은 점점 더 "동조conformity(개인이 집단 규범에 맞춰 신념·태도·행동을 바꾸는 과정—옮긴이)"라는 경험으로 이동한다.

내가 타인과 다르지 않고, 타인과 같으며, 그들에게 "평범한 사람"으로 인정받는 한, 나는 스스로를 "나"로 느낄 수 있다. 이는 피란델로가 자신의 희곡 가운데 하나의 제목에서 표현했듯이, "당신이 원하는 그대로의 나"이다. 개별 정체성 이전의 씨족 정체성을 대신하여, 집단 정체성이라는 새로운 형태가 형성된다. 이 정체성에서는 한 개인이 군중에 속해 있다는 확실한 소속감이 정체성의 근거가 된다. 이러한 획일성과 동조가 흔히 인식되지 않은 채 개인적인 정체성이라는 환상에 가려져 있다 해도, 사실 그 자체가 달라지는 것은 아니다.

정체성의 문제는 흔히 이해되는 것처럼 단순히 철학적 문제이거나 우리의 정신과 사고에만 관련된 문제가 아니다. 정체성을 느끼고자 하는 욕구는 인간으로서의 존재 조건 그 자체에서 비롯되며, 가장 강렬한 욕망의 원천이 된다. "나"라는 느낌 없이는 제정신으로 살아갈 수 없기 때문에, 나는 이 느낌을 얻기 위해 거의 무엇이든 하게 된다. 지위와 동조에 대한 강렬한 열망의 이면에는 바로 이러한 욕구가 있으며, 이 욕구는 때로는 신체적 생존에 대한 욕구보다 더 강력하다. 사람들이 무리의 일원이 되기 위해, 동조하기 위해, 그렇게 해서 정체성을 얻기 위해 자신의 삶을 위험에 빠뜨리고, 사랑을 포기하며, 자유를 내어주고, 자신의 생각까지 희생할 준비가 되어 있다는 사실보다 더 명백한 것이 있을까? 비록 그것이 환상에 불과하더라도 말이다.

오늘날 평범한 사람은 자신을 "인류의 아들"이라는 존재보다는 한 국가의 소속감에서 정체성을 얻는다. 그의 객관성, 즉 이성은 이러한 집착에 의해 왜곡된다. 그는 "이방인"을 자신의 집단 구성원과는 다른 기준으로 판단한다. 이방인에 대한 그의 감정 역시 왜곡되어 있다. 피와 땅으로 맺어진 유대(공통의 언어·풍습·음식·노래 등으로 표현됨)를 통해 "익숙하지 않은" 사람을 의심의 눈초리로 보게 되며, 사소한 자극만으로도 편집증적 망상이 솟구칠 수 있다. 이러한 근친적 집착은 개인과 이방인과의 관계를 해칠 뿐만 아니라, 자신의 집단 구성원 및 자기 자신과의 관계마저도 해친다. 피와 땅으로 맺어진 유대에서 스스로를 해방시키지 못한 사람은 아직 온전한 인간으로 태어났다고 할 수 없다. 그의 사랑과 이성을 발휘할 능력은 제한된다. 그는 자기 자신도, 동료 인간도 그들의 ― 그리고 자기 자신의 ― 인간적인 현실 속에서 경험하지 못한다. […]

어머니에 대한 집착과 정체성

어머니와의 유대는 인간에게 뿌리내림과 소속감을 부여하는 모든 태생적인 혈연적 유대들 가운데 가장 근원적인 형태일 뿐이다. 이런 혈연적 유대는 그러한 관계가 형성되는 체계와 관계없이 혈연관계에 있는 모든 이들에게까지 확장된다. 가족과 씨족, 그리고 나중에는 국가·민족·교회가 각각의 어머니가 원래 아이에게 했던 동일한 기능을 수행한다. 개인은 그들에 의존하고, 그들에 뿌리내리고 있다고 느끼며, 그들과 분리된 개인이 아니라 그들의 일부로서 정체성을 가지게 된다.

같은 씨족에 속하지 않은 사람은 이질적이고 위험한 존재로 여겨지는데, 이는 오직 그 씨족만이 가진 인간적인 특성을 공유하지 않는다고 생각하기 때문이다.

프로이트는 어머니에 대한 집착을 인류와 개인의 발달 모두에서 결정적인 문제로 인식했다. 그의 이론 체계에 따르면, 그는 어머니에 대한 강한 집착을 어린 소년이 어머니에게 느끼는 성적 매력에서 비롯된 것으로 설명했으며, 이를 인간 본성에 내재된 근친상간적 욕망의 표현으로 보았다. 그는 이 집착이 성인이 되어서도 지속되는 이유가 계속되는 성적 욕망 때문이라고 가정했다. 이 가정을 아버지에 대한 아들의 반발 관찰과 연결함으로써, 그는 가정과 관찰을 가장 기발한 설명으로 통합했다. 그것이 바로 "오이디푸스 콤플렉스"이다. 그는 아버지에 대한 적대감을 아버지와의 성적 경쟁심의 결과로 설명했다.

프로이트는 어머니에 대한 집착이 엄청나게 중요한지는 보았지만, 그것에 대한 독특한 해석으로 인해 자신의 발견을 퇴색시켰다. 그는 성인 남성의 성적 감정을 어린 소년에게 투사했다. 프로이트도 인정했듯이 어린 소년에게 성적 욕망이 존재하긴 하지만, 이 욕망이 자신에게 가장 가까운 여성에게 향한다고 가정했다. 이 삼각관계에서 아버지라는 경쟁자의 우월한 힘 때문에 소년은 자신의 욕망을 포기할 수밖에 없고, 그 좌절감에서 결코 완전히 회복하지 못한다고 보았다. 프로이트의 이론은 관찰 가능한 사실에 대한 다소 기이할 정도로 합리적인 해석이다. 근친상간적 욕망의 성적 측면을 강조함으로써, 프로이트는 소년의 욕망을 그 자체로 합리적인 것으로 설명하고 진정한 문제, 즉 어머니와의 **비이성적인 정서적 유대감**의 깊이와 강도, 어머니의 영향권 안으로 되돌아가고자 하는 바람, 어머니의 일부로 남고 싶어 하는 바람, 어머니로부터 완전히 분리되어 나와야 하는 것에 대한 두려움이라는 문제를 회피하고 있다. 프로이트의 설명에 따르면 근친상간적 욕망은 아버지라는 경쟁자의 존재 때문에 충족될 수 없지만, 실제로는 근친상간 욕망 자체가 성인 생활의 모든 요구 사항과 차이가 있다.

따라서 오이디푸스 콤플렉스 이론은 인간의 어머니의 사랑에 대한 갈망이라는 핵심적인 현상을 인정하는 **동시에** 부정하는 것이다. 근친상간적 욕망에 최고 의미를 부여함으로써 어머니와의 유대감의 중요성을 인정하는 것이지만, 이를 성적인 것으로만 설명함으로써 그 유대감의 감정적인 의미, 말하자면 진정한 의미를 부정하는 것이다.

프로이트보다 한 세대 앞선 시대에 살았던 또 다른 천재, 요한 야콥 바호펜Johann Jacob Bachofen은 인간의 발달에서 어머니와의 유대감이 핵심적인 역할을 한다고 보았다. 그는 어머니에 대한 집착을 합리주의적이고 성적인 관점에서 해석하는 데 갇히지 않았기에, 더욱 심오하고 객관적으로 사실을 파악할 수 있었다. 그는 자신의 모계 사회 이론에서 인류가 부계 사회 이전 단계를 거쳤으며, 그 단계에서는 어머니와의 유대감뿐 아니라 피와 땅으로 맺어진 유대감이 개인적·사회적으로 가장 중요한 관계 맺음의 형태였다고 가정했다.

이러한 형태의 사회 조직에서는 위에서 언급했듯이 어머니가 가족, 사회생활 및 종교에서 중심적인 인물이었다. 바호펜의 역사에 대한 해석 중 많은 부분이 타당하지 않을 수 있지만, 그는 심리학자와 인류학자들이 무시해 온 사회 조직의 형태와 심리적 구조를 밝혀냈다는 점은 분명하다. 왜냐하면 가부장적 관점을 가진 학자들에게 남성이 아닌 여성이 지배하는 사회에 대한 생각은 터무니없는 것으로 여겨졌기 때문이다. 그럼에도 불구하고 북방에서 침략하기 전에 그리스와 인도에는 모계 사회 구조의 문화가 존재했다는 많은 증거가 있다. 수많은 어머니 여신mother goddess들의 존재와 그 중요성은 이를 뒷받침한다. (빌렌도르프의 비너스, 모헨조다로의 어머니 여신, 이

시스, 이스타르, 레아, 키벨레, 하토르, 니푸르의 뱀 여신, 아카드의 물의 여신 아이, 데메테르, 그리고 생명을 주고 파괴하는 인도 여신 칼리 등은 몇 가지 예에 불과하다.) 오늘날의 많은 원시 사회들에서도, 모계 혈통 체계나 모계 거주 방식의 결혼에서 모계 사회 구조의 잔재들을 확인할 수 있다. 더 중요한 것은, 사회적 형태가 더 이상 모계적이지 않더라도, 어머니·혈연·대지와 맺는 모계적 유대 관계의 수많은 사례를 발견할 수 있다는 점이다.

프로이트가 근친상간적 집착에서 단지 부정적이고 병리적인 요소만을 보았던 반면, 바호펜은 어머니 형상에 대한 애착이 지니는 부정적 측면뿐만 아니라 긍정적 측면도 분명히 인식했다. **그 긍정적 측면은 모계 사회 구조에 널리 퍼져 있는 생명·자유·평등에 대한 확신이다.** 인간이 자연의 자식이며 동시에 어머니의 자식인 한에서 모두 평등하며, 동일한 권리와 요구를 지니고, 유일하게 중요한 가치는 생명 그 자체이다. 달리 말하면, 어머니가 자식들을 사랑하는 이유가 어느 하나가 다른 하나보다 더 낫거나, 어느 하나가 어머니의 기대를 더 잘 충족시켜서가 아니라, 그저 자식이기 때문이다. 그런 점에서 자식들은 모두 똑같고, 사랑과 보살핌을 받을 똑같은 권리가 있다. 바호펜은 모계 사회 구조의 **부정적인** 측면 또한 명확히 파악했다. **인간은 자연·혈연·대지에 묶여 있기 때**

문에 개성과 이성을 발전시킬 수 없게 된다. 인간은 어린아이로 남아서 발달할 수 없게 되는 것이다. […]

민족주의와 정체성과 소속감에 대한 욕구

[이제 피와 땅에 대한 결속이 오늘날 어떤 형태로 나타나는지를 논의해 보자.] 민족주의는 우리 시대의 근친상간 형태이며, 우상 숭배이고, 광기이다. '애국주의'는 그 숭배 의례이다. 여기서 내가 말하는 '애국주의'가 무엇을 뜻하는지는 설명할 필요도 없을 것이다. 그것은 자기 민족을 인류 전체 그리고 진리와 정의의 원칙들보다 우선시하는 태도를 의미한다. 이는 자기 나라에 대한 애정 어린 관심, 곧 국가의 물질적 복지뿐만 아니라 정신적 행복에 대한 관심과는 다르다. 결코 다른 나라에 대한 지배를 추구하는 것이 아니다. 한 개인에 대한 사랑이 타인에 대한 사랑을 배제한다면 그것은 사랑이 아니듯이, 인류에 대한 사랑의 일부가 아닌 조국애 역시 사랑이 아니라 우상 숭배에 불과하다. (민족주의의 문제에 관해서는 R. 로커Rocker(1937)의 포괄적이고 심오한 연구를 참조하라.)

민족 감정의 우상 숭배적 성격은 씨족 상징물의 훼손에 대한 반응에서 볼 수 있는데, 이는 종교적 상징물이나 도덕적 상징물의 훼손에 대한 반응과는 매우 다르다. 서구 세계 어느 도시의 거리에서 한 남자가 자기 나라의 국기를 들고 나와 다른 사람들이 보는 앞에서 짓밟는다고 상상해 보자. 린치를 당하지 않은 것만으로도 다행일 것이다. 거의 모든 사람들이 객관적인 사고를 할 틈도 거의 없을 정도로 격렬한 분노와 격양된 분개를 느낄 것이다. 국기를 모독한 사람은 말로 표현할 수 없는 일을 저지른 것이 된다. 즉 그는 수많은 범죄 중 하나가 아니라, 그 자체로 용서받을 수 없고 결코 사면될 수 없는 범죄를 저지른 것으로 여겨진다. 이보다 극단적이진 않지만, 질적으로 동일한 반응이 나타나는 경우가 있다. 예컨대 누군가가 "나는 내 나라를 사랑하지 않는다"고 말하거나, 전쟁 중이라면 "나는 내 나라가 승리하든 말든 신경 쓰지 않는다"고 말하는 경우다. 이 말은 진정한 신성 모독으로 여겨지며, 그런 말을 한 사람은 동료 시민들의 마음속에서 괴물이나, 공동체에서 추방되어야 할 반역자가 되고 만다.

그 감정이 불러일으키는 특수한 성격을 이해하기 위해, 우리는 이 반응을 다음과 같은 경우에 나타나는 반응과 비교해 볼 수 있다. 즉 어떤 사람이 일어나서, "나는 모든 흑인이나 유대인을 죽이는 데 찬성한다." 혹은 "새로운 영토를 정복하기 위해 전쟁을 시작하는 데 찬성한다."고 말한다고 해 보자. 실제로 대부분의 사람들은 이것이 비윤리적이고 비인간적인 의견이라고 느낄 것이다. 하지만 중요한 점은 통제할 수 없는 깊은 분노와 격노와 같은 특수한 감정은 일어나지 않는다는 것이다. 단지 그러한 의견은 '나쁜' 것이지, 신성 모독이나 '신성한 것'에 대한 공격은 아니다. 설령 누군가 신을 모독한다고 해도, 국가의 상징물을 훼손하는 그 범죄, 즉 신성 모독에 대한 분노와는 비교할 수 없을 것이다.

국가의 상징물이 훼손되었을 때의 반응을, "자기 나라를 존중하지 않는 사람은 인간적 연대와 사회적 감각이 결여된 것이다"라는 말로 합리화하는 것은 쉽다. 그러나 전쟁을 옹호하거나 무고한 사람들을 살해하거나 혹은 자신의 이익을 위해 타인을 착취하는 사람에게도 동일한 평가가 해당되는 것이 아닌가? 분명히 말해, 자기 나라에 대한 무관심은 사회적 책임감과 인간적 연대의 결핍을 드러내는 것이며, 여기서 언급된 다른 행위들 역시 마찬가지이다. 그러나 국기를 훼손하는 행위에 대한 반응은, 사회적 책임의 부정에 대한 다른 모든 반응과는 근본적으로 다르다. 전자의 대상은 '신성한 것', 즉 씨족 숭배의 상징물이기 때문이며, 후자는 그렇지 않기 때문이다.

17세기와 18세기의 위대한 유럽 혁명들이 "~로부터의 자유"를 "~을 향한 자유"로 전환하는 데 실패한 후, 민족주의와 국가 숭배는 근친상간적 집착으로 퇴행하는 징후가 되었다. 인간이 지금까지보다 이성과 사랑을 더 깊게 발전시킬 때에만, 인간적 연대와 정의에 기반한 세계를 건설할 수 있을 때에만, 그리고 보편적 형제애라는 경험에 뿌리내릴 수 있을 때에만, 그는 새로운 인간적 형태의 뿌리내림을 발견하게 될 것이다. 그때에야 비로소 세상을 진정한 인간의 보금자리로 변화시킬 수 있을 것이다.

성공을 추구함으로써 느끼는 정체성

오늘날 시장 지향성[사회적 성격]은 지난 수십 년간, 새로운 시장 현상인 "인격 시장personality market"의 발전과 함께 빠르게 성장해 왔다. 사무원과 판매원, 기업 임원, 의사, 변호사, 예술가들이 모두 이 시장에 등장한다. 이들의 법적 지위와 경제적 위치가 다르다는 것은 사실이다. 어떤 이들은 자영업자로 서비스를 제공하고 그에 대한 대가를 받고, 다른 이들은 고용되어 급여를 받는다. 하지만 이들 모두는 자신의 서비스를 필요로 하거나 자신을 고용한 사람들로부터 개인적으로 받아들여지고 인정받는 것에 물질적 성공이 달려 있다.

인격 시장과 상품 시장 모두에서 평가의 원리는 동일하다. 전자에서는 인격이 판매 대상으로 제공되고, 후자에서는 상품이 판매 대상으로 제공된다. 두 경우 모두 가치는 교환가치이며, 사용가치는 필요조건이지만 충분조건은 아니다. 물론, 사람들이 수행해야 할 특정 업무에 능숙하지 않고 단지 쾌활한 성격만 지니고 있다면 우리의 경제 시스템은 작동할 수 없다. 아무리 환자를 대하는 태도가 훌륭하고 파크 애비뉴에 최고로 멋진 사무실이 있더라도, 최소한의 의학 지식과 기술이 없다면 뉴욕의 의사로는 성공할 수 없다. 마찬가지로 아무리 성격이 매력적이더라도 상당히 빨리 타자를 칠 수 없다면 비서는 직장을 잃을 수밖에 없다.

그러나 성공의 조건으로서 기술과 인격이 각각 어느 정도 비중을 차지하는지 묻는다면, 극히 예외적인 경우에만 성공은 주로 기술이나 정직·품위·성실성과 같은 인간적 자질의 결과라는 것을 알게 된다. 성공의 전제 조건으로서 기술과 인간적 자질이 차지하는 비중과 "인격"이 차지하는 비중은 경우에 따라 달라지지만, "인격 요인"이 언제나 결정적인 역할을 한다. 성공은 대체로 한 사람이 자신을 시장에서 얼마나 잘 판매하는가, 자신의 인격을 얼마나 효과적으로 전달하는가, 자신이 얼마나 그럴듯한 "인격적 패키지"로 보이는가에 달려 있다. 그가 '쾌활한지', '건전한지', '공격적인지', '신뢰할 만한지', '야심적인지'와 같은 특성들, 더 나아가 그의 가정 배경이 어떠한지, 어떤 클럽에 속해 있는지, 그리고 적절한 인맥을 알고 있는지 여부도 중요하게 작용한다. 요구되는 인격 유형은 그 사람이 종사하는 분야에 따라 어느 정도 달라진다. 주식 중개인, 판매원, 비서, 철도 경영자, 대학 교수, 호텔 지배인은 각각 서로 다른 유형의 인격을 제공해야 하지만, 이러한 차이와 무관하게 모두가 충족해야 할 한 가지 조건이 있다. 그것은 "시장 수요가 있는 존재"가 되는 것이다.

주어진 과제를 수행하는 데 필요한 기술과 장비를 갖추는 것만으로는 성공하기에 충분하지 않고, 수많은 경쟁자들 사이에서 자신의 인격을 효과적으로 "내세울 수" 있어야 한다는 사실은, 인간이 자기 자신을 대하는 태도를 형성한다. 만약 생계를 유지하는 데에 자신이 아는 것과 할 수 있는 것에 의존하는 것만으로 충분하다면, 자존감은 자신의 능력, 즉 자신의 사용가치에 비례할 것이다. 그러나 성공은 대체로 자신의 인격을 얼마나 잘 판매하느냐에 달려 있기 때문에, 사람들은 자신을 상품으로 경험하게 된다. 더 정확히 말해, 그는 판매자이자 **동시에** 판매되는 상품으로 자신을 경험하는 것이다. 사람들은 자신의 삶과 행복에는 관심이 없고, 판매 가능한 존

재가 되는가에만 관심을 두게 된다. […]

현대인은 자신을 판매자이자 시장에서 판매되어야 할 상품으로 경험하기 때문에, 그의 자존감은 자신이 통제할 수 없는 조건들에 달려 있다. 만약 그가 '성공적'이라면 가치 있는 존재가 되고, 그렇지 않다면 무가치한 존재가 된다. 이러한 지향에서 비롯되는 불안감의 정도는 아무리 강조해도 지나치지 않다. 만약 자신의 가치가 자신이 지닌 인간적 자질보다는, 끊임없이 변화하는 경쟁 시장에서의 성공에 의해 결정된다고 느낀다면, 자존감은 흔들리기 쉽고 항상 타인의 인정이 필요하게 된다. 따라서 끊임없이 성공을 추구하게 되고, 어떤 좌절도 자존감에 대한 심각한 위협이 된다. 결과적으로 무력감·불안정감·열등감을 느끼게 된다. 만약 시장의 변덕이 자신의 가치를 판단한다면, 존엄성과 자부심은 무너지고 만다.

그러나 문제는 단지 자기평가나 자존감의 문제가 아니라, 자신을 하나의 독립적인 존재로 경험하는 방식, 곧 자기 자신과의 동일성, **자신의 정체성**의 문제이다. 나중에 살펴보겠지만, 성숙하고 생산적인 개인은 자신의 정체성을 자신의 능력과 하나로 결합된 행위자로서 자신을 경험하는 데서 얻는다. 이러한 자기 감각은 간단히 말해 **"나는 내가 하는 일이다**I am what I do"라는 의미로 표현될 수 있다. 그러나 시장 지향적인 사고방식을 지닌 인간은 자신의 능력을 자신과 분리된 상품들로 마주하게 된다. 그는 그것들과 하나가 아니라, 오히려 그것들은 그에게서 가려져 있다. 왜냐하면 중요한 것은 그것들을 사용하는 과정에서의 자기실현이 아니라, 그것들을 판매하는 과정에서의 성공이기 때문이다. 그의 능력 자체와 그것이 만들어 내는 결과물 모두가 그 자신으로부터 낯선 것이 되고, 자신과 다른 무언가, 타인이 평가하고 사용할 대상이 된다. 그 결과 그의 정체성은 자존감만큼이나 불안정해지며, 결국 그것은 자신이 수행할 수 있는 모든 역할들의 총합으로 구성된다. **"나는 당신이 원하는 그대로의 나다."**

입센은 『페르 귄트』에서 이러한 자아 상태를 다음과 같이 표현했다. 페르 귄트는 자신의 자아를 발견하려 하지만, 그가 발견한 것은 양파와 같은 자아였다. 한 겹 한 겹 껍질을 벗겨 낼 수는 있으나, 그 중심에는 아무런 핵도 존재하지 않는다. 인간은 자신의 정체성을 의심한 채로는 살 수 없기 때문에, 시장 지향적인 사고방식 속에서 그는 정체성에 대한 확신을 자기 자신과 자신의 능력에서가 아니라, 자신에 대해 타인이 내리는 평가에서 찾게 된다. 그의 명성·지위·성공, 그리고 타인에게 '어떤 사람'으로 알려져 있다는 사실이 진정한 정체성의 느낌을 대신하게 된다. 이러한 상황은 타인이 자신을 바라보는 방식에 그를 완전히 의존하게 만들며, 한때 성공을 가져다주었던 역할을 계속 유지하도록 강요한다. 나와 나의 능력이 서로 분리된다면, 결국 나의 자아는 내가 얼마의 값을 받는가에 의해 정해진다.

타인을 경험하는 방식은 자신을 경험하는 방식과 다르지 않다. 타인 역시 자신과 마찬가지로 상품으로 경험되며, 그들 역시 있는 그대로의 자신을 드러내는 것이 아니라 판매 가능한 부분만을 보여 준다. 사람들 사이의 차이는 단지 **성공의 정도**, 매력의 정도, 따라서 얼마나 가치가 있는가라는 양적인 차이로 축소된다.

시장 지향적 성격을 지닌 사람들의 목표는 인격 시장의 모든 조건에서 바람직한 존재가 되도록 완벽하게 적응하는 것이다. 그들은 (19세기 사람들처럼) 자신에게 속하고 변하지 않는 어떤 자아를 고수하지 않는다. 그들은 "나는 당신이 원하는 그대로의 나다"라는 원칙에 따라 끊임없이 자아를 변화시키기 때문이다.

시장 지향적 성격 구조를 지닌 사람들은, 끊임없이 움직이고

가능한 한 최대의 효율로 일을 처리하는 것 외에는 다른 목표
가 없다. **왜** 그렇게 빨리 움직여야 하는지, 왜 모든 일이 가장
효율적으로 이루어져야 하는지를 묻는다면, 그들은 진정한
답을 갖고 있지 않으며, 대신 "더 많은 일자리를 만들기 위해
서", "회사의 성장을 유지하기 위해서"와 같은 합리화된 설명
을 내놓을 뿐이다. 그들은 **왜** 사는지, **왜** 다른 방향이 아니라
이 방향으로 가는지와 같은 철학적이나 종교적 질문들에는
(적어도 의식적으로는) 거의 관심이 없다. 그들에게는 크고 끊임
없이 변하는 자아ego는 있지만, 그 누구도 자기self, 곧 중심이
나 정체성은 없다. 사실상 현대 사회의 "정체성 위기"란, 그
구성원들이 기업들(또는 다른 거대한 관료 조직들)에 참여하는 데
자신의 정체성을 의존하는 맹목적인 도구로 전락한 데서 비
롯된 위기이다. 진정한 자기가 없는 곳에는 정체성 또한 있을
수 없다.

시장 지향적 성격을 지닌 사람들은 사랑도 미움도 느끼지 않
는다. 이런 "시대에 뒤떨어진" 감정들은 거의 전적으로 이성
적인 수준에서만 기능하고, 선악을 불문하고 감정을 회피하
는 시장 지향적 성격 구조에 맞지 않는다. 왜냐하면 그것들
은 시장 지향적 성격을 지닌 사람들의 주요 목적, 즉 판매와
교환을 방해하기 때문이다. 더 정확히 말하면, 그들이 자신이

속한 "메가머신"(Mumford 1967)의 논리에 따라 **작동하는 것**을 방해하기 때문이다. 관료조직에서의 승진으로 드러나는 것처럼, 자신들이 얼마나 잘 작동하는지 외에는 그 어떤 질문도 하지 않는다.

시장 지향적 성격을 지닌 사람들은 자기 자신이나 타인에게 깊은 애착을 갖지 못하기 때문에, 말 그대로 깊은 의미에서는 어떤 것에도 관심을 두지 않는다. 이것은 그들이 지나치게 이기적이어서가 아니라, 타인이나 자기 자신과의 관계가 너무 얄팍하기 때문이다. 이러한 이유로 그들은 핵으로 인한 재앙 및 생태적 재앙의 위험을 지적하는 모든 자료를 알고 있음에도 불구하고, 그러한 위험들에 무관심하다. 그들이 자신의 개인적 삶에 닥칠 위험에 대해 무관심한 것은, 그들이 큰 용기와 이타성을 지니고 있다고 가정함으로써 아직 설명될 수도 있을 것이다. 그러나 이러한 가정으로는, 자녀와 손자들에 대해서조차 무관심하다는 사실을 설명할 수 없다. 이러한 모든 차원에서의 무관심은, 그들에게서 감정적 유대가 가장 "가까운" 사람들에 대해서조차 완전히 상실되었기 때문에 나타나는 결과이다. 사실상 시장 지향적 성격을 지닌 사람들에게는 가까운 사람이 아무도 없다. 그리고 자기 자신과도 가까이 있지 않다.

2. 불안정한 정체성과 나르시시즘

이기심과 자기애

타인뿐만 아니라 우리 자신 또한 우리의 감정과 태도의 '대상'이다. 타인에 대한 태도와 자신에 대한 태도는 결코 서로 모순되는 것이 아니라, 근본적으로 결합되어 있다. 논의 중인 문제와 관련해 말하자면, 이는 타인에 대한 사랑과 자신에 대한 사랑은 서로 양자택일의 관계가 아니라는 것을 의미한다. 오히려 타인을 사랑할 수 있는 모든 사람에게서는 자신에 대한 사랑의 대한 태도 또한 발견된다. **사랑은** 원칙적으로 '대상'과 자기 자신 사이의 관계라는 측면에서 볼 때 분리될 수 없는 것이다.

진정한 사랑은 생산성의 표현이며, 돌봄·존중·책임·이해를 수반한다. 그것은 누군가에게 영향을 받는 상태라는 의미에서의 "감정affect"이 아니라, 자기 자신을 사랑할 수 있는 능력에 뿌리를 두고 사랑하는 사람의 성장과 행복을 위해 적극적으로 노력하는 것이다. 사랑한다는 것은 사랑할 수 있는 자신의 능력을 표현하는 것이고, 누군가를 사랑한다는 것은 그 능력을 한 사람을 향해 집중시키고 실현하는 일이다.

낭만적 사랑의 관념이 말하듯이, 세상에는 사랑할 수 있는 단 한 사람만이 존재하고, 그 사람을 발견하는 것이 인생 최대의 행운이라는 생각은 사실이 아니다. 또한 설령 그 한 사람을 찾았다 하더라도, 그를 사랑하는 것이 곧 다른 사람들에 대한 사랑의 철회를 의미한다는 생각 또한 사실이 아니다. 오직 한 사람과의 관계에서만 경험될 수 있는 사랑은, 바로 그 사실로 인해 그것이 사랑이 아니라 공생적 애착에 불과하다는 것을 보여 준다.

사랑에 담긴 근본적인 긍정은, 본질적으로 인간적인 자질을 구현한 존재로서 사랑받는 사람을 향한다는 데 있다. 한 사람에 대한 사랑은 인간 자체에 대한 사랑을 함의한다. 윌리엄 제임스가 말하는 일종의 "분업", 즉 가족은 사랑하지만 "이방인"에게는 아무런 감정을 느끼지 못하는 태도는 사랑할 수 있는 근본적인 능력이 결여되어 있음을 보여 주는 징표이다. 인간에 대한 사랑은 흔히 생각하는 것처럼 특정 인물에 대한 사랑 이후에 생겨나는 추상적 개념이 아니라, 오히려 그러한 사랑의 전제 조건이다. 비록 발생학적으로는 특정한 개인을 사랑하는 과정에서 습득되지만 말이다. 따라서 원칙적으로 나 자신도 다른 사람 못지않게 내 사랑의 대상이 되어야 한다.

자신의 삶·행복·성장·자유를 긍정하는 것은 사랑할 수 있는 능력, 즉 돌봄·존중·책임감·이해에 뿌리를 두고 있다. 만약 개인이 생산적으로 사랑할 수 있다면 그는 자신도 사랑할 수 있다. 만약 오직 타인을 사랑할 수 있다면 그는 전혀 사랑할 수 없다.

원칙적으로 자기애와 타인에 대한 사랑이 결합적이라고 가정할 때, 타인에 대한 진정한 배려를 명백히 배제하는 이기심은 어떻게 설명할 수 있을까? 이기적인 사람은 오로지 자신만을 배려하며, 모든 것을 자기 자신을 위해 원하며, 베푸는 데서 기쁨을 느끼지 못하고 오직 얻는 데서만 기쁨을 느낀다. 그는 외부 세계를 오직 자신이 그것으로부터 무엇을 얻을 수 있는지의 관점에서만 바라본다. 그는 타인의 요구에는 관심이 없고, 그들의 존엄성과 온전함을 존중하지 않는다. 그는 오로지 자신만을 보며, 모든 사람과 사물을 자신에게 유용한지에 따라 판단한다. 그는 근본적으로 사랑할 능력이 없다.

이것이 타인에 대한 배려와 자기 자신에 대한 배려가 불가피하게 서로 양자택일의 관계에 있다는 것을 증명하지 않는가? 만약 이기심과 자기애가 동일하다면 그럴 것이다. 그러나 그 가정이야말로, 우리 문제에 관해 많은 잘못된 결론에 이르게 한 바로 그 오류 자체이다. **이기심과 자기애는 결코 동일한 것이 아니며 실제로는 정반대이다.** 이기적인 사람은 자신을 지나치게 사랑하는 것이 아니라 오히려 너무 적게 사랑한다. 사실 그는 자신을 미워한다. 그가 생산성이 부족하다는 것을 말해 주는 자기 자신에 대한 애정과 관심의 부족은 그를 공허하고 좌절하게 만든다. 그는 필연적으로 불행하며, 스스로가 도달하지 못하게 막아 버린 만족감을 삶에서 빼앗아 오려는 불안한 집착에 사로잡힌다. 그는 자신을 지나치게 챙기는 것처럼 보이지만, 실제로는 자신의 진정한 자아를 돌보지 못한 자신의 실패를 감추고 보상하려는, 성공하지 못할 시도를 하고 있을 뿐이다.

나르시시트적 자기 이상화와 자기애 결핍

나르시시즘은 오직 자기 자신, **자신의** 신체·욕구·감정·생각·재산, 그리고 자신과 관련된 모든 것만이 완전히 현실적인 것으로 느끼는 [이기적인] 경험 상태로 묘사될 수 있다. 반면, 자기 자신과 관련이 없거나 자신의 욕구 대상이 아닌 모든 사람과 모든 것은 흥미롭지 않고, 완전한 현실로 느껴지지 않는다. 즉 그것들은 지적으로는 인식될 수 있을 뿐, **감정적으로는** 무게와 색채, 곧 존재감을 갖지 못한다. 사람은 나르시시즘이 강할수록 인식하는 데 있어 이중 잣대를 들이댄다. 오직 자신과 자신과 관련된 것만이 중요하며, 나머지 세상은 대체로 무게도 없고 색채도 없는 것으로 경험된다. 이러한 이중 잣대 때문에 나르시시스트는 판단력에 심각한 결함을 보이며 객관성을 유지하는 능력이 부족하게 된다.

나르시시스트는 타인과의 관계나 자신의 실질적인 노력이나 성취를 통해서가 아니라, 자신의 완벽함, 타인에 대한 우월성, 비범한 자질에 대한 전적인 주관적 확신에서 안정감을 얻는 경우가 흔하다. 그는 자신의 자존감과 정체성이 나르시시즘적 자아상에 기반하고 있기 때문에, 그것을 고수하려고 한다.

나르시시스트는 자기 자신의 나르시시즘이 위협받을 때, **그는** 생존에 필수적인 중요한 영역에 위협을 받는 것이다. 타인이 그를 무시하거나, 비판하거나, 그가 틀린 말을 했을 때 그것을 들춰내거나, 게임에서 그를 이기거나, 그 밖의 수많은 상황들에서 그의 나르시시즘에 상처를 입힐 때, 나르시시스트는 그것을 겉으로 드러내든 그렇지 않든, 심지어 스스로 자각하든 못하든 간에, 대개 강렬한 분노나 격노로 반응한다. 이러한 공격적 반응의 강도는, 그런 사람이 자신의 나르시시즘에 상처를 입힌 사람을 결코 용서하지 않으며, 때로는 자신의 신체나 재산이 공격당했을 때보다도 더 강렬한 복수의 욕망을 느낀다는 사실에서 자주 드러난다.

대부분의 사람들은 자신의 나르시시즘을 자각하지 못하고, 단지 겉으로 드러나지 않는 나르시시즘의 징후만을 알아차린다. 예를 들어, 그들은 부모나 자녀에 대해 지나친 존경심을 느끼지만, 그러한 행동은 보통 효심, 부모에 대한 애정, 또는 충성심으로 긍정적으로 평가받기 때문에 그러한 감정을 표현하는 데 어려움을 느끼지 않는다. 하지만 자신에 대한 감정, "나는 세상에서 가장 훌륭한 사람이다", "나는 누구보다

낫다" 등을 표현한다면, 사람들은 그를 지나치게 자만심이 강할 뿐만 아니라, 심지어 정신적으로 상당한 문제가 있다고 의심할 수도 있을 것이다.

반면, 예술·과학·스포츠·사업·정치 분야에서 인정받는 성과를 이룬 사람의 나르시시즘적 태도는 현실적이고 합리적으로 보일 뿐만 아니라, 타인의 찬사에 힘입어 끊임없이 강화된다. 이러한 경우에는 사회적으로 승인되고 확인되었기 때문에 그는 자신의 나르시시즘을 마음껏 표출할 수 있다.

현대 서구 사회에서는 유명인의 나르시시즘과 대중의 욕구 사이에 독특한 상호 결합이 존재한다. 대중은 평범한 사람의 삶이 공허하고 지루하기 때문에 유명인과 접촉하고 싶어 한다. 대중매체는 명성을 팔아서 살아가며, 이로써 나르시시즘적인 유명인, 대중 그리고 명성을 파는 장사꾼 모두가 만족하게 된다.

정치 지도자들 중에는 높은 수준의 나르시시즘이 흔하며, 특히 대중에게 미치는 영향력을 기반으로 권력을 얻은 이들에게는 직업병 또는 자산으로 여겨질 수 있다. 지도자가 자신의 특별한 능력과 사명에 대해 확신을 가지고 있다면, 그러한 절대적 확신을 가진 사람에게 끌리는 대규모 청중을 설득하는 일이 더 쉬워질 것이다.

그러나 나르시시즘에 사로잡힌 지도자는 자신의 나르시시즘적 카리스마를 단순히 정치적 성공을 위한 수단으로만 사용하지 않는다. 그는 자신의 정신적 균형을 위해서도 성공과 박수가 필요하다. 자신의 위대함과 무오류성에 대한 관념은 본질적으로 인간으로서의 진정한 업적이 아니라 나르시시즘적 과대망상에 근거한다. 그럼에도 그는 나르시시즘적 과대망상 없이는 아무것도 할 수 없다. 왜냐하면 그의 인간적인 핵심, 즉 신념·양심·사랑·믿음이 제대로 발달하지 않았기 때문이다.

나르시시즘이 극도로 강한 사람들은, 그렇지 않으면 우울증에 걸리거나 미쳐 버릴 수 있기 때문에, 거의 강박적으로 유명해질 수밖에 없는 경우가 많다. 그러나 타인에게 그들의 박수가 자신의 나르시시즘적 꿈을 확증해 줄 만큼 강한 영향을 미치기 위해서는, 상당한 재능과 적절한 기회가 필요하다. 설령 그러한 사람들이 성공을 거두더라도, 그들은 또다시 더 큰 성공을 추구하도록 내몰린다. 왜냐하면 그들에게 실패란 곧 붕괴로 이어질 수 있는 위험을 의미하기 때문이다. 말하자면 대중적 성공은 그들에게 있어 우울증과 정신 이상에 대한 일종의 자기 치료와 같다. 그들이 자신의 목표를 위해 싸울 때, 사실상 그들은 자신의 온전한 정신 상태를 지키기 위해 싸우고 있는 것이다.

집단 나르시시즘

집단 나르시시즘에서 대상이 개인이 아니라 자신이 속한 집단일 때, 개인은 이를 온전히 자각하고 아무런 제한 없이 표현할 수 있다. '내 나라'(또는 민족·종교)가 가장 훌륭하고, 가장 교양 있고, 가장 강력하고, 가장 평화롭다는 등의 주장은 전혀 이상하게 들리지 않는다. 오히려 애국심·신념·충성심에 대한 표현처럼 들린다. 또한 같은 집단의 많은 구성원들이 공유하는 생각이기 때문에 현실적이고 합리적인 가치 판단으로 여겨진다. 이러한 합의는 환상을 현실로 바꾸는 데 성공하는데, 대부분의 사람들에게 현실은 이성이나 비판적 검토에 기반한 것이 아니라 일반적인 합의에 의해 구성되기 때문이다.

집단 나르시시즘은 중요한 기능을 한다. 첫째, 집단의 연대감과 결속력을 강화하고, 나르시시즘적 편견에 호소함으로써 조작을 용이하게 한다. 둘째, 집단 구성원, 특히 자존감이나 가치를 느낄 다른 이유가 거의 없는 사람들에게 만족감을 주는 매우 중요한 요인이다. 설령 자신이 집단에서 가장 불행하고, 가장 가난하며, 가장 존경받지 못하는 구성원이라 하더라도, "나는 세상에서 가장 훌륭한 집단의 일원이다. 실제로는 벌레에 불과한 내가 집단에 소속됨으로써 거인이 된다."는 느낌에서 자신의 비참한 상태를 보상받을 수 있다. 결과적으로, 집단 나르시시즘의 정도는 삶에서 느끼는 진정한 만족감의 부족과 비례한다. 삶을 더 즐기는 사회 계층은 하위 중산층처럼 물질적·문화적 모든 영역에서 결핍에 시달리고 끝없는 권태 속에서 살아가는 계층보다 광신적이지 않다(광신주의는 집단 나르시시즘의 특성이다).

동시에, 집단 나르시시즘을 조장하는 것은 사회보호 예산social budget이라는 관점에서 보면 매우 저렴하다. 사실, 생활 수준의 향상에 필요한 사회적 지출에 비하면 거의 비용이 들지 않는다. 사회는 사회적 나르시시즘을 불러일으키는 구호를 만드는 이데올로그ideologist들에게 비용을 지불하면 된다. 실제로 교사·언론인·장관·교수 등 많은 사회 구성원들은 아무런 금전적인 보상 없이도 기꺼이 이러한 활동에 참여하고 있다. 그들은 가치 있는 대의를 위해 봉사한다는 자부심과 만족감을 느끼며, 그리고 높아진 명성과 승진을 통해 보상을 받는다.

나르시시즘이 개인으로서의 자기 자신보다는 그가 속한 집단을 향하는 사람들은 개인 나르시시스트만큼 민감하며, 그것이 현실이든 상상이든 집단에 가해지는 그 어떤 상처에도 격분하며 반응한다. 오히려 더 강렬하고 확실히 더 의식적으로 반응한다. 개인은 정신적으로 심각한 질병을 앓고 있지 않다면, 개인은 자신의 나르시시즘적 이미지에 대해 최소한 어느 정도 의문을 품을 수 있다. 그러나 집단의 구성원은 의문을 품지 않는다. 왜냐하면 그의 나르시시즘은 다수와 공유되고 있기 때문이다.

서로의 집단적 나르시시즘에 도전하는 집단들 사이에 갈등이 발생할 경우, 바로 그 도전 자체가 각 집단 내부에서 상대 집단에 대한 격렬한 적대감을 불러일으킨다. 자기 집단에 대한 나르시시즘적 이미지는 최고조로 고양되는 반면, 상대 집단에 대한 평가절하는 최저 수준으로 추락한다. 자기 집단은 인간의 존엄·품위·도덕성·정의를 수호하는 존재로 간주되고, 반대로 다른 집단에는 악마적인 성질들이 부여된다. 즉 상대 집단은 신뢰할 수 없고, 무자비하며, 잔혹하고, 본질적으로 비인간적인 존재로 그려진다. 국기·황제·대통령·대사

大使와 같은 인물처럼 집단 나르시시즘의 상징 중 하나라도 훼손되면, 사람들은 극도의 분노와 공격성으로 반응하며, 심지어 전쟁 정책을 추진하는 지도자들을 지지하려 든다. [···]

냉전에서든 무력 전쟁hot war에서든, 나르시시즘은 더욱 극단적인 형태를 띤다. 우리나라는 완벽하고 평화를 사랑하며 문화적인 반면, 적국은 정반대로 사악하고 신뢰할 수 없고 잔인하다는 식이다. 실제로 대부분의 국가들이 선과 악의 전반적 균형에서 비슷하다. 다만 각 국가마다 고유한 미덕과 악덕이 있을 뿐이다. 나르시시즘적 민족주의가 하는 일은, 오직 자국의 미덕과 적국의 악덕만을 보는 것이다.

집단적 나르시시즘의 동원은 전쟁 준비의 중요한 조건 중 하나이다. 이는 전쟁이 발발하기 훨씬 전부터 시작되어야 하며, 국가들이 전쟁으로 가까이 다가갈수록 더욱 강화된다. 1차 세계 대전 초기에 나타난 정서들은, 나르시시즘이 지배할 때 이성이 어떻게 침묵하게 되는지를 보여 주는 좋은 사례이다. 영국은 전시 선전을 통해 독일군이 벨기에에서 젖먹이들을 총검으로 찔렀다고 비난했다(이는 완전한 거짓이었지만 서방의 많은 사람들이 믿었다). 그러나 독일인들은 영국을 배신을 일삼는 장사꾼들의 나라로 부르면서, 자신들은 자유와 정의를 위해 싸우는 영웅들이라고 주장했다.

과연 이 집단적 나르시시즘이 사라질 수 있을까? 그래서 전쟁의 한 조건도 사라질 수 있을까? 사실, 그것이 사라질 수 없다고 가정할 이유는 없다. 그것이 사라지기 위한 조건은 다양하다. 하나는 개인의 삶이 풍요롭고 흥미로워서 타인과 배려와 사랑으로 관계를 맺을 수 있어야 한다는 것이다. 이는 다시 말해, 존재와 공유를 장려하고 소유와 소유욕을 억제하는 사회 구조가 전제되어야 한다(프롬, 1976, 168~202쪽 참조). 다른 사람에 대한 배려와 사랑이 발전함에 따라, 나르시시즘은 점점 줄어드는 경향이 있다. 그러나 가장 중요하고 가장 어려운 문제는 집단적 나르시시즘이 사회의 기본 구조에 의해 생성될 수 있다는 것이며, 문제는 이것이 어떻게 발생하는가이다. 나는 산업적 사이버네틱 사회의 구조와 개인의 나르시시스트적 발달 사이의 관계를 분석함으로써 이에 대한 답을 간략히 제시하려고 한다.

산업 사회에서 나르시시즘을 심화시키는 첫 번째 조건은 개인 간의 고립과 적대감이다. 이러한 적대감은 냉혹한 이기심과 타인을 희생시켜 이익을 추구하는 원칙에 기반한 경제 체제의 필연적인 결과이다. 공유와 상호성이 부재할 때 나르시시즘은 번성할 수밖에 없다.

하지만 나르시시즘의 발달에 있어 더욱 중요한 조건, 그리고 최근 수십 년에 이르러서야 충분히 드러난 조건은 바로 산업 생산물에 대한 숭배이다. 인간은 스스로를 신으로 만들었다. 인간은 기존의 창조물을 단지 원료로 삼아, 인간이 만든 사물의 세계, 새로운 세계를 창조했다. 현대인은 소우주뿐 아니라 대우주의 비밀까지 밝혀냈다. 그는 원자의 비밀과 우주의 비밀을 발견하여 지구를 은하계 속의 극히 미미한 존재로 전락시켰다. 이러한 발견을 한 과학자는 사물을 있는 그대로, 객관적으로 인식해야 했고, 따라서 발견 과정에 나르시시즘이 개입될 여지는 거의 없었다. 그러나 소비자는 기술자나 응용 과학 종사자들과 마찬가지로 과학자의 사고방식을 가질 필요가 없다.

인류의 대다수는 새로운 기술을 스스로 고안할 필요가 없었다. 그들은 새로운 이론적 통찰에 따라 이미 만들어진 것을 구축하고 그것을 감탄할 수 있었을 뿐이다. 그 결과 현대인은 자신의 창조물에 대해 놀라운 자부심을 키워 왔다. 그는 자신을 신으로 여겼고, 인간이 만들어 낸 새로운 지구의 웅장함을 바라보며 자신의 위대함을 느꼈다. 이렇게 자신의 두 번째 창조물을 감탄하며 그 안에서 자신을 찬양했다. 석탄과 석유, 그리고 이제는 원자 에너지를 동력화하여 만들어 낸 세상, 특히 무한해 보이는 인간 두뇌의 능력을 이용해 만든 이 세상은 그가 자신을 비춰볼 수 있는 거울이 되었다. 인간은 자신의 아름다움이 아니라, 자신의 독창성과 능력을 비추는 이 거울을 들여다본다. […]

3. 역사에서의 집단 나르시시즘

집단 나르시시즘은 개인 나르시시즘보다 알아차리기 어렵다. 예를 들어, 어떤 사람이 타인에게 "나(와 내 가족)은 세상에서 가장 존경받는 사람들이다. 우리만이 깨끗하고 지적이고 선하고 품위 있다. 다른 사람들은 모두 더럽고 어리석고 부정직하고 무책임하다"고 말한다고 해 보자. 대부분의 사람들은 그를 무례하고, 균형을 잃었거나, 심지어 제정신이 아니라고 생각할 것이다. 하지만 어떤 광신적인 연설가가 대중 앞에서 "나"와 "내 가족" 대신 민족(또는 인종·종교·정당 등)을 내세운다면, 그는 조국에 대한 사랑, 신에 대한 사랑 등으로 많은 사람들에게 칭송과 존경을 받을 것이다.

나르시시즘의 양면성

하지만 다른 민족들과 종교들은, 자신들이 명백히 경멸 대상으로 취급되고 있기 때문에 그러한 연설에 대해 분개할 것이다. 하지만 선택된 집단 **내부에서는** 모두의 개인적 나르시시즘이 만족되며, 수백만 명이 그 주장에 동의한다는 사실은 그것을 합리적인 것처럼 보이게 만든다. (다수가 "합리적"이라고 여기는 것이란, 모든 사람은 아니더라도 적어도 상당수의 사람들 사이에서 합의가 이루어진 것에 불과하다. 대부분의 사람들에게 "합리적"이라는 것은 이성과는 무관하며, 단지 합의를 의미할 뿐이다.) 집단 전체가 존속을 위해 집단 나르시시즘을 필요로 하는 한, 그 집단은 나르시시즘적 태도를 더욱 강화하고, 그러한 태도에 특별한 미덕이라는 자격을 부여할 것이다.

나르시시즘적 태도가 확장되는 집단의 구조와 규모는 역사를 통틀어 다양하게 변화해 왔다. 원시 부족이나 씨족에서는 구성원이 수백 명에 불과할 수 있다. 이러한 집단에서 개인은 아직 "개인"으로서의 정체성을 확립하지 못하고, 아직 깨지지 않은 "원초적 유대"에 의해 여전히 혈족에 묶여 있다(프롬,

『자유로부터의 도피』, 뉴욕, 1941, 177~179쪽 참조). 따라서 구성원들의 씨족에 대한 나르시시스트적 몰입은 그들이 정서적으로 여전히 씨족 외부에서는 독자적인 존재성을 갖지 못한다는 사실에 의해 강화된다.

인류의 발전 과정에서 우리는 점점 더 확대되는 사회화 범위를 발견할 수 있다. 혈연을 기반으로 하는 원래의 소규모 집단은 공통 언어, 공통 사회 질서, 공통 신앙을 기반으로 한 점점 더 큰 집단으로 대체된다. 집단의 규모가 커진다고 해서 반드시 나르시시즘의 병리적 성질이 줄어드는 것은 아니다. 앞서 언급했듯이, '백인'이나 '아리아인'의 집단 나르시시즘은 한 개인의 극단적 나르시시즘만큼이나 악성일 수 있다.

하지만 일반적으로 더 큰 집단을 형성하는 사회화 과정에서, 혈연으로 연결되지 않은 다양한 사람들과 협력해야 할 필요성이 집단 내에 축적된 나르시시즘적 에너지charge를 상쇄하는 경향이 있음을 알 수 있다. 이는 우리가 양성적 개인 나르시시즘과 관련하여 논의했던 또 다른 측면에서도 마찬가지다. 즉 큰 집단(민족·국가·종교)이 물질적·지적·예술적 생산 분야에서 가치 있는 것을 성취하는 것을 나르시시즘적 자부심의 대상으로 삼을 때, 그러한 분야에서의 활동 과정 자체가 축적된 나르시시즘적 에너지를 줄이는 경향이 있다는 것이다.

로마 가톨릭교회의 역사는 대규모 집단 내에서 나르시시즘과 그에 맞서는 힘들이 독특하게 혼합된 많은 사례 중 하나이다. 가톨릭교회 내에서 나르시시즘을 억제하는 요인은 무엇보다도 인간의 보편성과 더 이상 특정 부족이나 민족의 종교가 아닌 "보편적" 종교라는 개념이다. 두 번째는 신에 대한 개념과 우상 숭배의 부정에서 비롯되는 개인적 겸손의 사상이다. 신의 존재는 어떤 인간도 신이 될 수 없으며, 어떤 개인도 전지전능할 수 없다는 것을 의미한다. 따라서 이는 인간의 나르시시즘적 자기 숭배에 명확한 한계를 설정한다.

그러나 동시에 교회는 극단적으로 강한 나르시시즘을 키워주기도 했다. 교회가 유일한 구원의 길이며 교황이 그리스도의 대리자라고 믿었던 교인들은 그러한 특별한 기관의 구성원이라는 자부심으로 인해 극단적으로 강한 나르시시즘을 발전시킬 수 있었다. 신에 대한 관계에서도 마찬가지였다. 신의 전지전능함은 인간의 겸손을 요구해야 했지만, 종종 개인은 자신을 신과 동일시했고, 이러한 동일시 과정에서 놀라운 정도의 나르시시즘을 발전시켜 왔다. […]

르네상스 휴머니즘

로마 가톨릭교회에서 볼 수 있는 이 나르시시즘적 기능과 반
反나르시시즘적 기능 사이의 모호성은 불교·유대교·이슬람
교·프로테스탄트교 등 모든 다른 종교에서도 나타났다. 내가
가톨릭교회를 언급한 이유는, 그것이 잘 알려진 사례일 뿐만
아니라, 로마 가톨릭교회가 15세기와 16세기라는 동일한 역
사적 시기에 휴머니즘과 폭력적·광신적·종교적 나르시시즘의
기반이었기 때문이다.

교회 안팎의 휴머니스트들은 그리스도교의 원천을 이루는 휴
머니즘이라는 이름으로 발언했다. 니콜라우스 쿠사누스는 모
든 인간을 위한 종교적 관용De pace fidei을 설파했고, 피치노
는 사랑이 모든 창조의 근본적 힘De amore이라고 가르쳤다.
에라스무스는 상호 관용과 교회의 민주화를 요구했으며, 잉글
랜드 교회의 신조를 따르지 않았던Nonconformist 토머스 모어
는 보편주의와 인간 연대의 원칙을 옹호하고 그 원칙을 위해
목숨을 바쳤다. 니콜라우스와 에라스무스가 놓은 토대 위에서
포스텔은 세계 평화와 세계 통합De orbis terrae concordia을 주
장했고, 시쿨로는 피코 델라 미란돌라를 계승하여 인간의 존
엄, 이성과 덕성, 그리고 자기완성의 능력을 열정적으로 주장

했다. 이들 인물은, 그리스도교적 휴머니즘의 토양에서 자라난 많은 이들과 함께, 보편성·형제애·존엄·이성의 이름으로 발언했다. 그들은 관용과 평화를 위해 싸웠다(프리드리히 헤어, 1960 참조).

그들에 맞서는 세력은 루터파(종교개혁 진영—옮긴이)의 광신주의와 로마 가톨릭교회파의 광신주의라는 두 진영이었다. 휴머니스트들은 파국을 피하려 애썼지만, 결국 양 진영의 광신자들이 승리했다. 종교 박해와 전쟁, 그리고 참혹한 30년 전쟁은 휴머니즘의 발전에 큰 타격을 입혔고, 유럽은 아직까지도 그 여파에서 완전히 회복하지 못했다(300년 후 사회주의 휴머니즘을 파괴한 스탈린주의와의 유사성을 떠올리지 않을 수 없다).

16세기와 17세기의 종교적 증오를 되돌아보면, 그것의 비이성성은 분명하게 드러납니다. 양 진영 모두 신의 이름으로, 그리스도의 이름으로, 사랑의 이름으로 말했으며, 그들이 달리 주장한 쟁점들은 일반 원칙과 비교하면 부차적인 것에 불과했다. 그럼에도 불구하고 그들은 서로를 증오했고, 각자는 인간성이 자기 자신의 종교적 신앙의 경계에서 끝난다고 열정적으로 믿었다. 자신의 위치를 과대평가하고 타인을 미워하는 본질이 바로 나르시시즘이다. '우리'는 존경할 만하고,

'그들'은 비열하다. '우리'는 선하고, '그들'은 악하다. 자기 교리에 대한 어떤 비판도 악의적이고 참을 수 없는 공격으로 보이며, 다른 사람의 입장에 대한 비판은 그들이 진리로 되돌리기 위한 선의의 시도로 여겨진다.

르네상스 시대 이후로 집단적 나르시시즘과 휴머니즘이라는 두 거대한 상반된 힘은 각기 다른 방식으로 발전해 왔다. 불행하게도 집단 나르시시즘의 발전은 휴머니즘의 발전을 훨씬 앞질렀다. 중세 후기와 르네상스 시대에는 유럽이 정치적·종교적 휴머니즘의 출현을 받아들일 준비가 된 것처럼 보였지만, 그 가능성은 실현되지 못했다. 오히려 새로운 형태의 집단 나르시시즘이 등장하여 이후 수 세기를 지배하게 되었다.

이러한 집단 나르시시즘은 종교·민족·인종·정치 등 다양한 형태로 나타났다. 프로테스탄트교도와 가톨릭교도, 프랑스인과 독일인, 백인과 흑인, 아리아인과 비아리아인, 공산주의자와 자본주의자 등 내용은 다르지만 심리적으로는 동일한 나르시시즘적 현상과 그로 인한 결과인 광신주의와 파괴성을 다루고 있다.

집단 나르시시즘이 성장하는 동안, 그것에 상대하는 개념인 휴머니즘도 발전했다. 18세기와 19세기에 스피노자·라이프니츠·루소·헤르더·칸트에서, 괴테와 맑스에 이르기까지 인류는 하나이며, 각 개인은 인간 전체를 내면에 지니고 있고, 그리고 어떤 집단도 자신들의 특권이 본질적 우월성에 근거한다고 주장해서는 안 된다는 생각이 발전했다.

1차 세계 대전은 휴머니즘에 심각한 타격을 주었고, 집단 나르시시즘의 광란을 더욱 심화시켰다. 1차 세계 대전 참전국들의 민족 히스테리, 히틀러의 인종주의, 스탈린의 당 숭배, 무슬림교도들과 힌두교도들의 종교적 광신주의, 서구의 반공 광신주의가 그 예이다. 이러한 다양한 현상의 집단 나르시시즘은 세계를 전면적인 파괴의 구렁텅이로 몰아넣었다.

인류에 닥친 이러한 위협에 대한 반작용으로, 오늘날 모든 나라와 다양한 이데올로기를 대표하는 사람들 사이에서 휴머니즘의 부흥을 관찰할 수 있다. 가톨릭 및 프로테스탄트의 신학자들은 물론, 사회주의 및 비사회주의 철학자들 사이에서도 급진적 휴머니스트들이 존재한다. 전면적인 파괴의 위험, 신新휴머니스트들의 사상, 그리고 새로운 통신 수단이 만들어 낸 인류 전체의 유대가 집단 나르시시즘의 영향을 막기에 충분할 것인가는 인류의 운명을 결정지을 수 있는 문제이다.

집단 나르시시즘의 현대적 형태

종교적 나르시시즘에서 민족적·인종적·정당적 나르시시즘으로 형태만 바뀌었을 뿐, 집단 나르시시즘의 강도가 점점 커지고 있다는 사실은 실로 놀라운 현상이다. 이는 앞서 논의한 바와 같이 르네상스 이후 휴머니즘 세력이 확산되어 왔으며, 더 나아가 나르시시즘을 약화시키는 과학적 사고가 발전하고 있는 와중에 집단 나르시시즘의 강도가 심화되고 있기 때문이다.

과학적 방법은 객관성과 현실성을 요구한다. 그것은 세상을 있는 그대로 보고 자기 자신의 욕망과 두려움으로 왜곡하지 않기를 요구한다. 현실의 사실 앞에서 겸손하고, 전지전능함에 대한 모든 희망을 버릴 것을 요구한다. 비판적 사고, 실험과 검증, 그리고 의심하는 태도는 과학적 탐구의 특징이며, 바로 이러한 사고방식들이 나르시시즘적 지향을 억제하는 경향이 있다.

의심할 여지 없이 과학적 사고방식은 신휴머니즘의 발전에 영향을 미쳐 왔다. 오늘날 뛰어난 자연과학자 대부분이 휴머니스트라는 사실은 결코 우연이 아니다. 그러나 서구 사회의 대다수 사람들은 학교나 대학에서 과학적 방법을 '배웠음에도' 불구하고, 실제로는 과학적이고 비판적인 사고방식에 의해 깊은 영향을 받은 적이 거의 없다. 자연과학 분야의 전문가들조차도 대부분 **기술자**에 머물러 있을 뿐, **과학적 태도**를 갖추지 못했다. 대다수 대중에게는, 그들이 배운 과학적 방법은 더 의미가 없다. 고등교육이 개인 나르시시즘과 집단 나르시시즘을 어느 정도 완화하고 수정하는 경향을 보였다고는 할 수 있지만, 그것이 대부분의 '교육받은' 사람들로 하여금 현대적 집단 나르시시즘의 표현인 민족·인종·정치 운동에 열광적으로 가담하는 것을 막지는 못했다.

오히려 그 반대로, 과학은 나르시시즘의 새로운 대상, 즉 **기술**을 만들어 낸 것처럼 보인다. 이전에는 상상조차 할 수 없었던 사물의 세계를 창조한 존재로서의 인간, 라디오와 텔레비전, 원자력과 우주여행을 발견한 존재로서의 인간, 심지어 지구 전체를 파괴할 잠재적 능력을 지닌 존재로서의 **인간의** 나르시시즘적 자부심은, 인간에게 나르시시즘적 자기과장self-inflation의 새로운 대상을 제공했다.

현대사에서 나르시시즘의 발전이라는 문제 전체를 연구하다 보면, 코페르니쿠스, 다윈, 그리고 자신이 인간의 나르시시즘에 깊은 상처를 입혔다는 프로이트의 진술을 떠올리게 된다. 그는 인간이 우주에서 차지하는 독특한 역할에 대한 믿음과 인간의 의식이 근본적이며 더 이상 환원될 수 없는 실체라는 믿음을 훼손함으로써 나르시시즘에 깊은 상처를 입혔다고 말했다. 그러나 이러한 방식으로 인간의 나르시시즘이 상처를 입었지만, 겉보기만큼 크게 줄어들지는 않았다. 인간은 자신의 나르시시즘을 다른 대상들로 옮겨가는 방식으로 반응했다. 즉 민족, 인종, 정치적 신념, 기술과 같은 대상들이 그것이다. […]

집단 나르시시즘도 개인 나르시시즘과 마찬가지로 만족감이 필요하다. 어떤 면에서는 이 만족감은 자신이 속한 집단이 우월하고 다른 모든 집단은 열등하다는 공통 이데올로기에 의해 제공된다. 종교 집단의 경우, 이 만족감은 **나의** 집단만이 참된 신을 믿고 있으며, 따라서 **나의** 신만이 유일한 참된 신이므로 다른 모든 집단은 잘못된 불신자들로 이루어졌다는 가정이 이러한 만족감을 쉽게 제공한다.

하지만 신을 자신의 우월성을 증명하는 증인으로 삼지 않더라도, 집단 나르시시즘은 세속적 차원에서도 유사한 결론에 도달할 수 있다. 미국 일부 지역과 남아프리카에서 나타나는 백인이 흑인보다 우월하다는 나르시시즘적 확신은, 자기 우월감이나 다른 집단에 대한 열등화 감각에 어떠한 제약도 없다는 사실을 보여 준다.

그렇지만 이러한 집단이 가진 나르시시즘적 자아상이 만족되려면 어느 정도 현실적인 확인도 필요하다. 앨라배마나 남아프리카의 백인들이 사회적·경제적·정치적 차별 행위를 통해 흑인들보다 우월성을 입증할 수 있는 힘을 가진 한, 그들의 나르시시즘적 신념은 어느 정도 현실성을 띠게 된다. 따라서 전체적인 나르시시즘적 사고 체계를 강화한다. 나치도 마찬가지였다. 나치의 경우 모든 유대인의 신체적 말살은 아리아인의 우월성을 증명하는 증거가 되어야 했다(사디스트에게는 그가 사람을 죽일 수 있다는 사실 자체가 살인자의 우월성을 증명한다).

그러나 나르시시즘적으로 우쭐해진 집단이 나르시시즘적 만족의 대상으로 삼을 만큼 충분히 무력한 소수 집단을 확보하지 못하면, 그 집단의 나르시시즘은 쉽게 군사적 정복욕으로 이어진다. 이는 1914년 이전 범게르만주의와 범슬라브주의가 걸었던 길이다. 두 경우 모두 해당 민족은 '선택받은 민족'의 역할을 부여받아 다른 모든 민족보다 우월하다고 여겼으며,

따라서 자신들의 우월성을 인정하지 않는 민족을 공격하는 것이 정당화되었다.

1차 세계 대전의 '유일한' 원인이 범게르만주의와 범슬라브주의 운동의 나르시시즘이었다는 것을 암시하려는 것은 아니다. 하지만 그들의 광신성은 분명히 전쟁 발발에 기여한 요인 중 하나였다. 하지만 이보다 더 중요한 점은, 일단 전쟁이 시작되면 각국 정부는 전쟁을 성공적으로 수행하기 위한 필수적인 심리적 조건으로 민족적 나르시시즘을 고취시키려 한다는 점을 잊어서는 안 된다.

한 집단의 나르시시즘이 상처를 입으면, 개인 나르시시즘과 관련하여 논의한 것과 똑같은 분노 반응이 나타난다. 집단 나르시시즘의 상징물에 대한 모욕이 종종 광기에 가까운 분노를 불러일으킨 역사적 사례는 많다. 국기 훼손, 자신의 신이나 황제 그리고 지도자에 대한 모욕, 전쟁의 패배와 영토의 상실은 종종 폭력적인 집단적 복수심으로 이어졌고, 이는 다시 새로운 전쟁으로 이어졌다. 상처 입은 나르시시즘은 가해자를 궤멸시킴으로써, 그로 인해 나르시시즘에 대해 가해진 모욕을 해소할 때만 치유될 수 있다. 개인적이든 민족적이든 복수는 종종 상처받은 나르시시즘에 기반하며, 가해자를 절멸

함으로써 그 상처를 '치유'하려는 욕구에 바탕을 두고 있다.

나르시시즘적 병리의 마지막 요소를 하나 더 추가해야 한다. 나르시시즘이 강한 집단은 자신과 동일시할 수 있는 지도자를 간절히 원한다. […] 지도자가 위대할수록, 추종자도 더 위대해진다. 개인적으로 특히 나르시시즘적 성향을 지닌 인물들이 이러한 역할을 가장 잘 수행할 수 있는 인물이다. 자신의 위대함을 확신하고 조금도 의심이 없는 지도자의 나르시시즘은 바로 그에게 복종하는 사람들의 나르시시즘을 끌어당기는 요소이다. 반쯤 광기에 사로잡힌 지도자가 종종 가장 성공적인 지도자가 된다. 그러나 객관적인 판단력의 부족, 어떤 좌절에도 폭발하는 분노 반응, 전지전능한 이미지를 유지하려는 욕구는 그로 하여금 파멸로 이어지는 실수를 저지르게 할 수 있다. 그러나 나르시시즘적인 다수를 만족시킬 재능 있는 반半정신병자들은 항상 준비되어 있다.

제 4 부
하나의 세계에서의 휴머니즘

만약 인간이 삶을 선택할 수 없다면,
즉 휴머니즘을 새롭게 경험하지 못한다면,
인간은 새로운 '하나의 세계'를 관리할 수 없으리라.

(프롬, 『하나의 세계를 위한 조건으로서의
새로운 휴머니즘』, 1992[1962], 79쪽)

1. 집단적 나르시시즘이냐 보편적 휴머니즘이냐

윤리적·정신적 관점에서 본 나르시시즘 현상의 중요성은 모든 위대한 휴머니스트 종교의 핵심 가르침을 한 문장으로 요약할 수 있다는 점을 생각해 보면 매우 분명해진다.

"인간의 목표는 자신의 나르시시즘을 극복하는 것이다."

나르시시즘의 극복을 위해

아마도 이 원리는 불교에서 가장 근본적인 형태로 표현되어 있을 것이다. 부처의 가르침은 인간이 환상에서 깨어나 자신의 현실을 깨달을 때에만 고통으로부터 스스로를 구원할 수 있다는 말로 요약될 수 있다. 여기에서 현실이란 병·늙음·죽음이라는 현실과 자신의 탐욕이 추구하는 목표를 결코 달성할 수 없다는 현실이다. 불교의 가르침이 말하는 "깨어 있는" 자란 나르시시즘을 극복한 사람이며, 바로 그렇기 때문에 온전히 깨어 있을 수 있는 사람이다. 같은 생각을 다르게 말할 수도 있다. 인간이 자신에게 파괴될 수 없는 자아ego가 있다는 환상을, 자신의 모든 다른 탐욕의 대상들과 함께 버릴 수 있을 때에만, 비로소 세상에 마음을 열고 세상과 온전한 관계를 맺을 수 있을 것이다. 심리학적으로 볼 때, 이렇게 온전히 깨어 있는 상태로 되는 과정은 나르시시즘이 세상과의 관계성으로 대체되는 것과 동일하다.

히브리 전통과 그리스도교 전통에서는, 나르시시즘의 극복이라는 동일한 목표가 다양한 용어로 표현된다. 구약성서는 이렇게 말한다. "네 이웃을 네 자신과 같이 사랑하라"(레위기 19장 18절). 여기서 요구되는 것은 적어도 이웃이 자기 자신만큼 중요해질 때까지 나르시시즘을 극복하라는 것이다. 그러나 구약성서는 여기서 더 나아가 "이방인"에 대한 사랑까지 요구한다. "너희는 이방인의 마음을 알라. 너희도 이집트 땅에서 이방인이었기 때문이다"(레위기 19장 34절).

이방인은 바로 나의 씨족, 나의 가족, 나의 민족에 속하지 않는 사람이다. 그는 내가 나르시시즘적으로 애착을 느끼는 집단의 구성원이 아니다. 그는 그저 인간일 뿐이다. 헤르만 코헨Hermann Cohen(1929)이 지적했듯이, 이방인 안에서 인간 그 자체를 발견하게 된다. 이방인을 사랑하는 데서 나르시시즘적인 사랑이 사라진다. 왜냐하면 그가 나와 같기 때문이 아니라, 그의 그러함과 나와의 차이점 속에서 다른 한 인간을 사랑하는 것을 의미하기 때문이다.

신약성서에서 "원수를 사랑하라"고 할 때, 그것은 같은 생각을 더욱 명확하게 표현한 것이다. 이방인이 당신에게 온전히 인간으로 다가온다면, 더 이상 적은 존재하지 않는다. 왜냐하면 당신이 진정으로 인간이 되었기 때문이다. 이방인과 원수를 사랑하는 것은 오로지 나르시시즘을 극복하고 "나는 너다"라는 마음을 가질 때에만 가능하다.

예언자적 가르침의 핵심 이슈인 우상 숭배에 대한 투쟁은 동시에 나르시시즘에 대한 투쟁이기도 하다. 우상 숭배에서는 인간의 부분적인 능력 하나가 절대화되어 우상이 된다. 그 결과 인간은 자기 자신을 소외된 형태로 숭배하게 된다. 인간이 몰두하는 우상은 나르시시즘적 열정의 대상이 된다.

반면에 신이라는 개념은 나르시시즘을 부정하는 것이다. 왜냐하면 전지전능한 존재는 인간이 아니라 오직 신뿐이기 때문이다. 그러나 정의할 수도 묘사할 수도 없는 신이라는 개념이 처음에는 우상 숭배와 나르시시즘을 부정하는 것이었음에도, 곧 신은 다시 우상이 되고 말았다. 인간은 나르시시즘적인 방식으로 자신을 신과 동일시했고, 그 결과 신 개념의 본래 기능과는 정반대로 종교는 집단적 나르시시즘의 한 발현이 되고 말았다.

인간의 완전한 성숙은 개인 나르시시즘과 집단 나르시시즘 모두에서 완전히 벗어날 때 이루어진다. 심리학적 용어로 표현된 이러한 정신 발달의 목표는, 인류의 위대한 영적 지도자들이 종교적 영적 언어로 표현해 온 목표와 본질적으로 동일하다. 비록 개념은 서로 다를지라도, 그 다양한 개념들이 가리키는 실체와 경험은 동일하다.

보편적 휴머니즘을 위한 정서적 전제 조건

우리는 가장 파괴적인 무기의 개발을 가져온 인간의 지적 발달과 여전히 병리적인 증상을 동반한 심각한 나르시시즘에 빠져 있는 정신적·정서적 발달 사이에 극명한 차이를 보이는 역사적 시대에 살고 있다. 이러한 모순으로 인해 쉽게 발생할 수 있는 재앙을 피하기 위해 무엇을 할 수 있을까?

인간이 모든 종교적 가르침에도 불구하고 이전에는 결코 내디딜 수 없었던 발걸음을 가까운 미래에 내딛는 것이 과연 가능할까? 나르시시즘이 인간에게 너무나 깊이 뿌리내려 있어, 프로이트가 생각했던 것처럼 인간은 결코 자신의 "나르시시즘적 핵심"을 극복하지 못할까? 그렇다면 인간이 온전히 인간다워질 기회를 얻기도 전에, 나르시시즘적 광기가 인간을 파멸로 이끌지 않을 희망은 있는가? 누구도 이 질문에 답할 수 없다. 우리는 인간이 재앙을 피할 수 있도록 도와줄 최적의 가능성이 무엇인지 검토할 수 있을 뿐이다.

가장 쉬워 보이는 방법부터 시작해 볼 수 있을 것이다. 개개인의 나르시시즘적 에너지를 줄이지 않더라도 대상을 바꿀 수는 있다. 만약 **인류**, 즉 전 인류라는 가족이 특정 민족, 인종, 또는 정치 체제를 대신해 집단 나르시시즘의 대상이 될 수 있다면, 많은 것을 얻을 수 있을 것이다.

개인이 자신을 세계 시민으로서 자신을 경험하고 인류와 그 성과들에 자부심을 느낄 수 있다면, 그의 나르시시즘은 특정 집단 사이에서 갈등하는 구성 요소가 아니라, 그 대상을 인류 전체로 삼을 것이다. 또한 모든 국가의 교육 제도가 개별 국가의 업적이 아닌 인류 전체의 성과를 강조한다면, 인간다운 존재가 된다는 자부심을 훨씬 더 설득력 있고 감동적으로 제시할 수 있을 것이다.

그리스 시인이 『안티고네』에서 "인간보다 더 경이로운 것은 없다"라고 표현한 그 감정이 모든 사람에게 공유되는 경험이 될 수 있다면, 분명 큰 진전이 이루어진 셈일 것이다. 여기에 또 하나의 요소가 추가되어야 한다. 즉 모든 양성적 나르시시즘의 특징이 바로 '성과'에 근거한다는 점이다. 특정한 집단·계급·종교가 아니라, 인류 전체가 인간이라는 종種에 속해 있다는 사실에 자부심을 가질 수 있도록 해 주는 과업들을 수행해야 한다.

전 인류가 직면한 공통의 과제가 있다. 질병과 기아에 맞서 싸우고, 모든 소통 수단을 통해 세계의 모든 사람들에게 지식과 예술을 전파하는 것이다. 사실 정치적·종교적 이념의 차이에도 불구하고, 인류의 어떤 분야도 이러한 공통의 과제에서 스스로를 배제해서는 안 된다. 왜냐하면 이 세기의 위대한 성과가 인간 불평등의 자연적 또는 신적 원인에 대한 믿음, 그리고 한 인간이 다른 인간을 착취하는 것이 필연적이거나 정당하다는 믿음을 돌이킬 수 없을 수준까지 타도했기 때문이다.

르네상스 휴머니즘, 부르주아 혁명, 러시아 혁명, 중국 혁명 그리고 식민지에서의 혁명은 모두 인간 평등이라는 공통된 사상에 기반을 두고 있다. 비록 이들 혁명 중 일부가 해당 체제 내에서 인간의 평등을 침해하는 결과를 낳았을지라도, 모든 인간의 평등, 나아가 그들의 자유와 존엄성이라는 이념이 세계를 정복했다는 것은 역사적 사실이며, 인류가 불과 얼마 전까지만 해도 문명화된 역사를 지배했던 개념으로 되돌아간다는 것은 상상조차 할 수 없는 일이다.

인류와 그 성과를 양성적 나르시시즘의 대상으로 보는 이미지는 유엔과 같은 초국가적 기구들을 통해 나타날 수 있다. 심지어 유엔은 자체적인 상징물·명절·축제를 만드는 일을 시작할 수도 있을 것이다. 국경일이 아닌 '인류의 날'이 일 년 중 가장 대표적인 명절이 될 것이다.

그러나 이러한 발전은 많은 국가들이, 최종적으로는 모든 국가들이 인류의 주권을 위해 자국의 주권을 기꺼이 축소하려고 할 때만 이루어질 수 있음이 분명하다. 이는 정치적 측면뿐만 아니라 정서적이고 현실적인 측면에서도 마찬가지다. 강화된 유엔과 집단 갈등의 합리적이고 평화로운 해결은 인류와 그 공통의 성과가 집단적 나르시시즘의 대상이 될 수 있는 명백한 조건이다.

나르시시즘의 극복에 대한 전망

나르시시즘의 대상이 특정 집단에서 전 인류와 그 성과로 바뀌는 것은 앞서 지적했듯이 민족주의적·이데올로기적 나르시시즘의 위험성을 확실히 상쇄하는 경향이 있을 것이다. 그러나 이것만으로는 충분하지 않다. 우리가 그리스도교의 이상과 사회주의의 이상, 즉 이타심과 형제애라는 정치적·종교적 이상에 충실하다면, 각 개인의 나르시시즘적 성향을 줄이는 것이 우리의 과제가 될 것이다. 비록 여러 세대가 걸릴 일이지만, 지금은 그 어느 때보다 가능성이 높다. 왜냐하면 인

류가 모든 사람의 품위 있는 삶을 위한 물질적 조건을 만들어 낼 수 있기 때문이다. […]

이러한 새로운 조건들을 토대로 인간이 나르시시즘을 극복하려는 시도는 과학적·휴머니즘적 지향을 통해 크게 도움을 받을 수 있다. 이미 언급했듯이, 우리는 교육의 방향을 주로 기술적 지향에서 과학적 지향으로, 즉 비판적 사고, 객관성, 현실 수용 그리고 어떤 명령에도 종속되지 않고 생각할 수 있는 모든 집단에 적용 가능한 진리의 개념을 함양하는 방향으로 전환해야 한다. 문명화된 국가들이 젊은이들에게 과학적 지향성을 기본적인 태도 중 하나로 만들 수 있다면, 나르시시즘과의 투쟁에서 상당한 성과를 거둘 수 있을 것이다.

같은 방향으로 이끄는 두 번째 요소는 휴머니즘 철학과 인류학을 가르치는 것이다. 모든 철학적·종교적 차이가 사라질 것이라고 기대할 수는 없다. 아니, 애초에 그렇게 되기를 바랄 수도 없다. 왜냐하면 스스로를 '정통'이라고 주장하는 하나의 체계가 확립되는 것은 또 다른 나르시시즘적 퇴행의 원인이 될 수 있기 때문이다.

하지만 존재하는 모든 차이점을 감안하더라도, 공통된 휴머니즘적 신념과 경험이 존재한다. 그 신념은 모든 개인이 인간성을 이루는 모든 것을 내면에 지니고 있으며, 지능·재능·키·피부색 등 피할 수 없는 차이에도 불구하고 '인간의 조건'은 모든 사람에게 동일하다는 것이다. 이러한 휴머니즘적 경험은 인간적인 모든 것이 자신에게 낯설지 않다는 느낌, 즉 '나는 너다'라는 느낌, 그리고 인간 존재의 동일한 요소들을 공유하기 때문에 다른 인간을 이해할 수 있다는 느낌으로 이루어진다.

이러한 휴머니즘적 경험은 우리의 인식 영역을 확장할 때에만 온전히 가능하다. 우리 자신의 인식은 대개 우리가 속한 사회가 우리에게 인식하도록 허용하는 것에 국한된다. 이러한 상황picture에 맞지 않는 인간적 경험은 억압된다. 따라서 우리의 의식은 주로 우리 자신의 사회와 문화를 나타내는 반면, 무의식은 우리 각자 안에 있는 보편적인 인간을 나타낸다 (프롬, 1951, 1960, 1962 참조).

의식을 초월하고 사회적 무의식의 영역을 밝히는 자기 인식의 확장은 인간으로 하여금 자신 안에서 인류의 모든 면을 경험하게 해 줄 것이다. 인간은 자신이 죄인이자 성인聖人이고, 아이이자 어른이며, 정상인이자 비정상인이고, 과거의 사람이자 미래의 사람이라는 사실, 즉 인류가 과거에 어떠했고 미래에 어떠할지를 모두 내면에 지니고 있다는 사실을 느끼게 될 것이다.

휴머니즘을 표방하는 종교들과 정치적·철학적 체계들이 휴머니즘 전통의 진정한 부흥을 도모한다면, 오늘날 존재하는 가장 중요한 "새로운 지평", 즉 인간이 온전한 인간으로 발전하는 데 상당한 진척이 있으리라고 나는 믿는다.

이러한 생각들을 제시함으로써, 나는 르네상스 시대의 휴머니스트들이 믿었던 것처럼 교육만이 휴머니즘의 실현을 위한 결정적인 발걸음이 될 수 있다고 암시하려는 것은 아니다. 이 모든 가르침들은 근본적인 사회적·경제적·정치적 조건들이 변화할 때에만 효과를 발휘할 것이다. 즉 관료주의적 산업주의에서 인본주의적·사회주의적 산업주의로의 전환, 중앙집권에서 지방분권으로의 전환, 조직화된 인간에서 책임감 있고 참여적인 시민으로의 변화, 국가 주권을 인류와 그 선택한 기관들의 주권에 종속시키는 것, "소유한" 국가들이 "소유하지 못한" 국가들과 협력하여 후자의 경제 체제를 구축하기 위해 공동으로 노력하는 것, 그리고 보편적 군비 축소와 기존의 물적 자원을 건설적인 과업에 활용할 수 있도록 하는 것이 필요하다.

보편적 군비 축소는 또 다른 이유로도 필요하다. 만약 인류의 한 부분이 다른 진영에 의한 완전한 파괴를 두려워하며 살고, 나머지 부분은 양쪽 진영 모두에 의한 파괴를 두려워하며 산다면, 집단 나르시시즘은 결코 줄어들 수 없다. 인간은 자신과 자녀가 내년, 그리고 앞으로 다가올 많은 세월을 살아갈 수 있으리라고 기대할 수 있는 환경에서만 인간다울 수 있다.

2. 하나의 세계와 휴머니즘 사상

하나의 세계가 도래하고 있다는 사실에는 의심의 여지가 없다. 아마도 이는 인류 역사상 가장 혁명적인 사건일 것이다. 이미 우리가 목격하고 있듯이, 산업 생산이 결국 전 세계 모든 사람들에게 일반화될 것이며, 이는 새로운 소통 방식을 통해 더욱 강화되어 모든 사람들 간의 일정한 친밀감을 만들어 낸다는 의미에서의 하나의 세계가 존재하게 되었다. 하지만 문제는 이 하나의 세계가 살기 좋은 세계로 거듭날 것인가, 아니면 거대한 전쟁터로 전락할 것인가 하는 점이다.

진정한 질문은 다음과 같다. 현대인, 즉 20세기의 인간은 과연 하나의 세계에서 살아갈 준비가 되어 있는가? 아니면 우리는 지적으로는 20세기에 살면서 감정적으로는 석기시대에 살고 있는 것은 아닌가? 우리가 이 하나의 세계를 준비하고 있는 동안 우리의 감정과 목표는 여전히 부족주의에 머물러 있는 것은 아닌가? 여기서 말하는 부족주의란 사실상 거의 모든 원시 부족에서 찾아볼 수 있는 태도를 의미한다. 즉 같은 부족 구성원만을 신뢰하고, 같은 부족 구성원, 사소하게 들릴지 모르지만 매우 중요한데, 즉 같은 음식을 먹고, 같은 노래를 부르고, 같은 언어를 사용하는 사람들에게만 도덕적 의무감을 느끼는 것이다. 이러한 부족주의에서는 이방인을 의심의 눈초리로 바라보고, 자신의 모든 악을 그 이방인에게 투사한다. 부족주의에서 도덕은 항상 내부적인 도덕이며, 같은 부족 구성원에게만 유효하다. 인간적인 관점에서 볼 때, 이 부족이 100명, 1,000명, 아니면 5억 명으로 이루어지든 아무런 차이가 없다. 항상 똑같다. 즉 같은 부족에 속하지 않은 이방인은 온전한 인간으로 인정받지 못하는 것이다.

우리는 부족주의의 한가운데에 있는 우리 자신을 발견한다. 우리는 그것을 **민족주의**라고 부른다. 우리는 실제로 민족주의를 강대국에 대한 이전의 종속으로부터 벗어난 민족들의 위대한 해방으로 경의를 표하는 것 같다. 물론 어느 정도는 사실이다. 하지만 동시에, 서구 세계에서 프랑스 혁명 후 겨우 150년 전에 시작된 민족주의가 이제는 거의 전 세계의 감정 방식이 되었다는 점도 볼 수 있다. 나는 이것이 매우 위험한 발전이라고 생각한다. 인간이 **한** 인간으로서, **하나**의 세계의 일원으로서 살아가는 법을 배우지 않는 한, 이 민족주의는 인간 스스로를 파멸의 위험으로 이끌 조건과 상황을 초래할 것이기 때문이다. 새로운 휴머니즘을 발전시키지 않는 한, 하나의 세계는 **존재할 수** 없을 것이다.

휴머니즘 사상의 역사에 대해

내가 "새로운 휴머니즘"이라고 말할 때, 실제로 뭔가 새로운 것이 있다는 의미는 아니다. 휴머니즘이라는 철학은 약 2,500년의 역사가 있다. 새로운 것은 없으며, 단지 우리에게는 새롭게 느껴질 뿐이다. 우리는 지난 50년 동안 휴머니즘을 잊어버렸다. 그래서 우리 전통에서 휴머니즘 사상의 역사를 여러분에게 상기시키고자 한다. 도교와 불교에 나타난 중국과 인도의 휴머니즘에 대해서도 이야기해야 하겠지만, 이는 시간이 조금 더 걸리므로, 구약성서에서의 휴머니즘 사상부터 시작하는 것이 나을 것 같다.

구약성서에서 휴머니즘을 보여 주는 하나의 예는 하나님이 단 **한 명**의 인간만 창조했다는 사실이다. 탈무드 자료에 따르면, 하나님이 단 한 명의 인간만 창조한 이유는 두 가지를 보여 주기 위해서다. 첫째, 아무도 "내 조상이 네 조상보다 뛰어났기 때문에 내가 너보다 우월하다"고 말할 수 없다는 것을 보여 주기 위함이고, 둘째, 단 한 생명이라도 죽이는 사람은 마치 인류를 죽이는 것과 같다는 것을 보여 주기 위함이다.

휴머니즘, 즉 하나된 인간이라는 사상의 또 다른 표현은 구약성서에 나오는 "인간은 하나님의 형상대로 창조되었다"는 말씀이다. 이는 모든 사람이 서로 다르지만, 하나님의 형상대로 창조되었기 때문에 모두 평등하고 동일하다는 것을 의미한다. 그리고 마지막으로 구약성서에는 매우 중요하지만 종종 간과되고 무시되는 사랑의 계명이 있다. 이 계명은 이웃에 대한 사랑뿐 아니라 이방인에 대한 사랑까지 언급하고 있다.

이방인이란 우리가 잘 알지 못하는 사람이다. 이방인은 같은 부족이나 같은 민족, 같은 문화에 속하지 않은 사람이다. 성서는 "이방인을 사랑하라. 너희도 이집트에서 이방인이었으니 이방인의 마음을 잘 아느니라"(레위기 19장 33절)라고 말한다. 실제로, 우리는 이방인이 겪는 일을 직접 경험하고, 그의 입장이 되어 볼 때 비로소 그를 이해할 수 있다. 더 나아가, 우리는 다른 사람이 겪는 일을 경험해 볼 때 비로소 그를 이해하고, 그의 감정을 알 수 있다.

마침내 구약성서의 휴머니즘은 예언자적 메시아 사상에서 아마도 가장 명확하게 표현된다. 여기서 부족주의적 사고는 극복되고, 모든 민족이 하느님의 동등한 사랑을 받는다는 비전이 제시된다. 즉 어느 한 민족이 아니라 모든 민족이 하느님의 사랑을 받는다는 것이다. 이와 관련해 이사야서의 한 구절을 인용해 보자. 이사야는 말한다(이사야 19장 23~25절),

> 그날에는 이집트에서 아시리아로 가는 큰 길이 있을 것이며, (그 당시 히브리인들의 전통적인 두 적) 아시리아 사람이 이집트로 들어오고 이집트 사람은 아시리아로 들어갈 것이며, 이집트 사람들은 아시리아 사람들과 함께 섬기게 될 것이다. 그날에는 이스라엘은 이집트와 아시리아 더불어 셋째가 되어 땅 한 가운데서 복이 될 것이다. 만군의 여호와께서 그들을 축복하시며 이르시기를, 복되다, 내 백성 이집트여, 내 손으로 지은 아시리아여, 나의 기업 이스라엘이여, 복을 받을지어다.

이와 같은 휴머니즘 전통은 신약성서에서도 이어진다. 거기서 계명은 "네 원수를 사랑하라"(마태복음 5장 44절)이다. 사실 원수를 사랑하는 것과 이방인을 사랑하는 것은 거의 차이가 없다. 왜냐하면 내가 원수를 사랑하면 원수는 더 이상 이방인이 아니고, 그는 내 이웃이 되며, 그는 나 자신이 되므로, 결국 그는 진정으로 원수가 아니기 때문이다. "네 원수를 사랑하라"는 계명은 역설처럼 보이지만, 이 역설은 단지 내가 이방인과 원수를 사랑하게 되면 실제로 더 이상 원수는 존재하지 않기 때문에 생기는 것이다.

물론 우리는 가톨릭교회가 민족 경계를 넘어 휴머니즘과 보편주의를 바탕으로 설립되었다는 것을 알고 있다. 중세 후기에 나타난 휴머니즘에서, 니콜라스 쿠사누스Nicholas of Cusa와 같은 위대한 그리스도교 사상가는 그리스도의 인성이 세상에서 인간을 하나로 묶어 주며, 인류의 내적 통일성을 증명하는 가장 확실한 증거라고 말했다. 그의 휴머니즘은 바로 그리스도의 인성이 모든 인간의 하나됨을 보장한다는 것이었다.

휴머니즘 사상은 그 뿌리를 그리스와 로마 전통에서도 찾을 수 있다. 소포클레스의 희곡 『안티고네』에서 여주인공 안티고네는 오늘날 우리가 아마도 파시스트 황제라고 부를 만한 크레온에 맞서 싸운다. 안티고네는 자연의 법칙, 즉 인간에 대한 연민의 법칙이 국가법보다 우선해야 한다고 주장하며, 만약 이 인류애의 법이 국가의 법과 충돌할 경우 그 법을 실현하기 위해 기꺼이 목숨을 바치려 한다. 그래서 그녀는 오빠가 국가에 반역한 사람임에도 불구하고 그의 시신을 묻어준다.

휴머니즘이라는 개념은 소포클레스의 『안티고네』를 비롯한 그리스 **사상**뿐만 아니라 그리스와 로마 철학, 특히 자연법 개념에도 잘 나타나 있다. 자연법은 인간의 본성에 뿌리를 두고 있는데, 다른 모든 인간이 만든 법, 특히 국가법보다 우선하는 법이다. 『안티고네』의 한 구절은 자연법의 개념을 매우 아름답게 표현하고 있다. 그녀는 이렇게 말한다.

> 이 법은 오늘과 어제의 것이 아니라, 언제나 살아 있었으며, 그 기원과 연원은 아무도 모른다.

키케로Cicero의 사상에서는 아마도 자연법 사상의 가장 설득력 있는 표현을 보게 될 것이다. 이 키케로의 사상은 중세 그리스도교 사상에 스며들어 그리스도교 사상의 발전에 매우 강력하고 중요한 역할을 했다. 내가 키케로의 한 발언을 읽어주겠다.

"이제 여러분은 이 우주 전체를 신과 인간 모두가 구성원인 하나의 공동체commonwealth로 이해해야 한다." 보시다시피 여기서 우리는 모든 인간을 포괄하는 하나의 공동체라는 개념을 만나게 된다. 이는 국가들 간의 연맹도 아니고 국가들의 공동체도 아니며 인간들의 공동체이다. 그 안에서 모든 인간은 인류에 대한 충성심을 가지며, 키케로가 매우 아름답게 말했듯이, 그 공동체에는 "… 신과 인간 모두가 구성원"으로 속해 있다.

토마스 아퀴나스를 중심으로 한 **중세 후기**에서의 휴머니즘 사상의 발전에 대해 이야기하려면 너무 많은 시간이 걸릴 것이다. 다만 18세기에 등장하고, 특히 미국 사상과 미국의 인권 개념의 발전에서 발견되는 자연권 사상은 그리스-로마 및 유대-그리스도교 전통에서 발전해 온 자연법의 연장선상에 있다는 점만 언급하고자 한다.

르네상스 시대의 휴머니즘 사상은 라틴어로 '휴머니타스hu-manitas'라고 하는 '인간성'에 대한 사상이었는데, 이는 르네상스 이후 모든 근대 사상의 특징이며, 대부분 비신학적인 개념이었다. 그럼에도 불구하고, 이 인간성 개념은 그리스-로마 및 유대-그리스도교 종교 전통의 직접적인 계승이었다. 이 특유의 르네상스 개념에서 인간은 타고난 '있는 그대로의 모습

suchness' 속에서 이해된다. 인간은 있는 그대로이며, 인간에게 주어진 과제는 그 자신을 완전히 펼치는 것이다. 르네상스 인간의 이상은 보편적인 인간, 즉 각 개인 안에 내재된 다면적이고 전인적인 인간성을 실현하는 것이다. 모든 개인은 인간성의 담지자이며, 그의 과제는 자신 안에 있는 인간성을 온전히 펼치는 것이다.

이 르네상스 사상은 아마도 서구 전통에서 휴머니즘의 정점이라 할 수 있는 18세기 계몽주의 철학자들의 사상으로 이어진다. (특히 E. 카시러, 1932; C. L. 베커, 1932 참조. E. 프롬, 1961b에서 나는 휴머니즘 철학이 사회주의 휴머니즘에서 어떻게 계승되는가라는 주제로 글을 썼다.)

18세기 휴머니즘 사상은 인간 일반, 즉 인간의 **본질**에 대한 개념이 있었다. 이제 우리가 '본질'이라고 말하는 철학 용어의 전통을 따른다면, '본질'이라는 것은 간단히 말해 어떤 사물을 바로 그 사물이게끔 만드는 속성을 의미한다. 따라서 인간의 본질을 이야기할 때, 우리는 인간이 인간일 수 있는 그 속성에 대해 말하는 것이다. 그런 것이 존재할까? 오늘날 많은 사회과학자들은, 아니 대부분의 사회과학자들은 이것이 생물학적·해부학적 관점에서는 사실이지만(거의 부정할 수 없지만), 심리학적으로는 사실이 아니라고 믿는 경향이 있다.

많은 사회과학자들은, 인간이 백지상태로 태어나며, 그 위에 문화나 사회가 글을 써넣는다고 믿는다. 그러나 18세기 철학자들은 그렇게 믿지 않았다. 그들은 단순히 해부학적 또는 생리학적인 의미를 넘어서는 인간의 본성, 인간의 본질이 존재한다고 믿었다. 18세기 철학자들은 당시뿐만 아니라 오늘날에도 매우 타당하다고 생각되는 차이를 밝히고 있다. 그것은 인간의 '본질', 즉 우리가 일반적으로 발견하는 인간 본성과 각 사회와 문화에서 나타나는 특정한 형태의 인간 본성 사이의 차이이다. 다시 말해, 우리는 인간 본성을 그 자체로는 결코 보지 못하고, 인간을 일반적으로 보지도 못한다. 하지만, 다양한 문화와 다양한 개인 속에서 나타나는 인간의 여러 양상을 통해 인간이 공통으로 지닌 것이 무엇인지, 즉 인간에게 특정한 것이 무엇인지를 추론할 수 있다.

장 자크 루소도 같은 생각을 표현했지만, 그는 훗날 프로이트가 다시 다루게 될 한 가지 점을 지적했다. 그것은 바로 인간의 자연적 성향과 사회의 요구 사이의 모순이다. 이는 매우 중요한 지적이었다. 내가 앞서 말했듯이, 프로이트는 후대에 성적 욕구와 사회적 관습 사이의 갈등을 더 구체적인 형태로 제시하며, 신경증이 바로 이 갈등에서 발생한다고 가정했다. 물론 나는 프로이트의 이 특정한 가정에서 옳았는지는 확신할 수 없다. 그럼에도 불구하고 프로이트의 이 가정은 훨씬 더 일반적인 타당성과 의미가 있었다. 즉 루소가 지적했던 바로 그 모순, 다시 말해 사회적 요구와 인간 내면의 욕구, 이를테면 인간성의 욕구 사이의 모순을 프로이트가 정확히 짚어 낸 것이다. 여기서 존 로크가 제시한 이론을 상기해 보자. 그는 정부가 어떠해야 하는지를 이해하기 위해서는 인간의 본성을 살펴보는 것만으로도 충분하다고 가정하는 이론을 제시했다. 로크의 이론은 제퍼슨 등에게 영향을 미쳤기 때문에 미국의 전통 속에서 매우 강력한 힘을 갖게 되었다.

나는 휴머니즘에 대해 글을 쓴 가장 중요한 철학자 중 한 명인 독일 철학자 **요한 고트프리트 폰 헤르더**(1744~1803)의 개념을 인용하고자 한다. 그에게 있어 인간은 동물과 달리 나약하게 태어났으며 스스로 인간성을 발전시켜야 했다. "이성이라는 인공적인 본능, 인간성, 인간적인 삶의 방식, 즉 인간에게 특유의 것이 자연 진화의 최고의 결실이다." 헤르더는 인간이 동물로서 가장 나약하고, 가장 무력하며, 모든 동물 중에서 가장 불완전한 존재라는 개념을 계승했지만, 인간은 이성, 즉 인간에게 특유한 것을 가지고 있으며, 이 인간 특유의

능력을 발전시킴으로써 자연 진화의 최고의 산물이 된다고
보았다.

또 다른 위대한 휴머니스트 **고트홀트 에프라임 레싱**(1729~
1781)의 사상도 비슷한 방향으로 나아갔다. 그는 인간의 과제
가 인간이라는 종의 본질을 실현하는 것이라고 보았다. 레싱
의 작품에서 우리는 같은 개념을 볼 수 있다. 즉 인간에게 특
유한 것, 곧 인간의 본질, 인류의 본질을 실현해야 한다는 것
이다. 즉 드러내고 발전시켜야 한다는 것이다. 이것이 인간
의 과제이다. 역사의 아이러니 중 하나는 레싱이 히틀러보다
약 100년 전에 3제국에 대해 이야기했다는 점이다. 레싱은
그 제국에서 모든 인간적 모순이 극복되어 새로운 하나됨과
새로운 조화를 이루어 인류가 완벽함에 도달할 것이라고 주
장했다. [프롬은 여기서 1930년대의 독일인과 관련하여 히틀러가 주장할
내용을 언급하고 있다.]

요한 볼프강 폰 괴테의 휴머니즘

18세기와 19세기의 모든 휴머니즘 사상가 중 가장 중요한 인
물은 아마도 요한 볼프강 폰 괴테일 것이다. 여기서 괴테의
몇 가지 사상을 언급하고자 한다. 그가 표현한 사상 중 하나

는 니콜라스 쿠사누스, 헤르더, 레싱과 매우 유사한 것으로, 인간은 자신의 개별성뿐만 아니라 모든 인간성과 그 잠재력을 내면에 지니고 있다는 생각이다. 다만 인간은 존재의 한계 때문에 이 잠재력 가운데 일부만을 실현할 수 있을 뿐이다(코르프 1958, 2권, 123쪽 참조). 괴테에게 있어 삶의 목표는 개별성을 통해 보편성으로 나아가는 것이다.

나는 괴테의 이 점을 특히 강조하고 싶다. 왜냐하면 18세기의 사상, 그리고 괴테의 철학(더 나아가 맑스에 이르기까지) 사상은, 개별성을 축소하고 다른 사람과 하나됨을 느끼기 위해 다른 모든 사람과 똑같아짐으로써 보편성에 도달할 수 있다고 믿는 사상이 아니었기 때문이다. 오히려 그와 반대로, 인간은 오직 자신의 개별성을 완전히 발전시킬 때에만 자기 자신의 인간성, 나아가 모든 인간성을 경험할 수 있다고 믿었다. 그렇게 될 때, 인간은 온전히 자기 자신이 되었기 때문에 모든 사람과 하나됨을 느끼게 된다는 것이다. 그러나 만약 인간이 온전한 자기 자신이 되지 못하고, 정신적으로 여전히 "사산된 존재"로 남아 있다면, 그는 자기 안에 지니고 있는 인간성을 가질 수도 느낄 수도 없을 것이다.

괴테의 휴머니즘을 가장 위대하고 의미 있게 표현한 작품이자

오늘날에도 매우 중요한 작품은, 영어로 번역되었지만 현재
는 인쇄본으로 구할 수 없는 희곡인 『이피게니아』일 것이다.
원래 이 그리스 희곡은 에우리피데스가 쓴 작품이다. 이야기
를 요약하면 다음과 같다. 아가멤논의 딸 이피게니아는 트로
이로 향하는 그리스 함대에 순풍을 기원하며 신들에게 제물로
바쳐질 예정이었지만, 자비로운 여신이 그녀가 죽기 전에 구
해 토아스 왕이 다스리고 있는 야만인들의 섬으로 데려간다.
그녀는 왕을 설득해 그 당시까지 고수해 온 관습, 즉 섬에 표
류하는 모든 이방인을 죽이는 관습을 버리게 만든다. 이러한
야만적인 관습은 오늘날 우리에게는 이상하게 들릴지 모르
지만, 사실 그리 놀랄 일도 아니다.

앞서 말했듯이, 이방인은 부족 외부의 사람이었기에, 우리가
가까운 사람들을 대하는 것과 같은 의미에서 온전한 인간으로
경험되지 않는 사람이었다. 공교롭게도 토아스 왕은 이피게
니아를 아르테미스 신전의 여사제로 임명한다. 그는 이피게
니아에게 호의적이었고 그녀를 신뢰했다. 그러나 어느 날 이
피게니아의 오빠 오레스테스가 친구와 함께 온다. 세 사람은
왕이 모르는 사이에 그리스로 도망치기로 하고, 아르테미스
신상을 훔치기로 계획한다. 그리스 희곡에서는 몇 가지 어려
움을 겪은 후 그들은 성공한다.

괴테의 희곡에서도 그들은 같은 계획을 세운다. 처음에는 이 피게니아는 그 계획에 동의하지만, 자신을 믿어 준 왕을 배신할 수 없다는 느낌이 들어 마음을 바꾼다. 그는 사실상 오늘날 "두 가지 악"이라고 부르는 상황에 직면해 있다. 더 큰 악은 자신과 오빠 그리고 오빠의 친구까지도 죽임을 당하는 것이고, 더 작은 악은 왕을 배신하는 것이다. 오늘날 우리는 대개 두 가지 악 중에서 하나를 선택해야 할 때 더 작은 악을 선택해야 한다고 믿는 경향이 있다. 그러나 우리는 더 작은 악을 선택함으로써, 일반적으로 더 큰 악이 결국 발생하는 시간을 미룰 뿐이며, 그것이 오히려 훨씬 더 확실하게 일어나게 된다는 사실을 잊고 있다.

이피게니아는 두 가지 악 중에서 하나를 선택하기를 거부하고, 반드시 양자택일만이 있는 것이 아니라 세 번째 가능성, 즉 "인간이 되는" 가능성이 있을 수 있다고 제안한다. 그것은 왕에게 진실을 말하고, 온전히 인간답게 행동하며, 왕이 자신을 죽일지도 모른다는 위험을 감수하면서까지 도덕적으로 용납할 수 없는 나머지 두 가지 악을 피하는 것을 의미한다. 그녀는 왕에게 진실을 말하고, 왕은 이렇게 대답한다.

그대는 믿는가?
교양 없는 스키타이인조차
진리와 인간성의 목소리에
귀를 기울일 것이라고
그리스인 아르테우스조차
듣지 못했던 그 목소리에?

이피게니아는 대답한다.

그 목소리가 어느 하늘 아래 태어났든
가슴 속에 흐르는 생명의 강이
순수하고 가로막힘 없을 때
모든 이에게 들립니다.

그리고 실제로 괴테의 희곡에서 왕은 진리와 인간성의 목소리에 감동하고 이피게니아와 그의 오빠 그리고 오빠의 친구를 그들의 고향으로 돌려보낸다.

괴테의 이 희곡은 인간이 온갖 악의 세력에 직면한 것처럼 보일 때 인간을 구원할 수 있는 유일한 해결책은 인간성의 목소리에 의존하는 모습을 보여 준다는 점에서 중요하다. 나는 이러한 괴테의 해결책이 우리 시대에도 어느 정도 중요한 의미를 지닌다고 생각한다. 우리는 서로 다른 이름으로 불리지만 모두 파괴로 향하는 다양한 대안들에 갇혀 있는 것처럼 보인다. 우리 문화의 휴머니즘 전통을 진지하게 받아들인다면, 상투적인 대안들을 넘어 다른 가능성이 있는지, 그리고 가장 중요한 가능성이 인간성과 진리에 있지 않은지 진지하게 고민하는 것이 매우 중요하다고 생각한다.

언급할 가치가 있는 또 다른 사실은, 괴테가 민족주의에 반대하는 휴머니스트였다는 점이다. 아시다시피 그는 장수했고, 말년에는 프랑스뿐 아니라 독일에서도 민족주의가 득세하기 시작했다. 민족주의는 나폴레옹과 독일 간의 전쟁, 즉 독일인들이 "해방 전쟁"이라고 불렀던 전쟁에서 만연했던 이념이었다.

괴테는 확실히 가장 위대한 독일인 중 한 명이었지만, 그와는 상반되는 몇 가지를 들어 보기 바란다. 나폴레옹이 이미 독일 해방군에게 패배한 1814년, 그는 게르만 민족은 아무것도 아니지만, 개별 독일인은 가치 있는 존재라고 말했다. 하지만 세상은 정반대였다. 괴테는 독일인들이 유대인들처럼 전 세계에 흩어져야 인류의 이익을 위해 그들 안에 있는 모든 선함을 온전히 발휘할 수 있다고 믿었다. 훨씬 이전인 1799년 3월 15일 요한 야콥 호팅거에게 보낸 편지에서 그는 이렇게 썼다. "모두가 새로운 조국을 만들기에 바쁜 이 시대에, 편견 없이 생각하고 시대를 뛰어넘을 수 있는 사람의 조국은 어디에도 없고 또 어디에나 있다."

여기서 괴테가 13세기부터 18세기까지 성장하고 전개되어 온 휴머니즘을 반대하는 새로운 민족주의 물결에 어떻게 반대 했는지 알 수 있다. 괴테는 19세기 휴머니즘 전통의 마지막 인물이었다.

새로운 민족주의와 칼 맑스의 휴머니즘

그 후 새로운 민족주의 물결이 시작되었는데, 프랑스 혁명은 본질적으로 휴머니즘 철학에 기반을 두고 그 철학에 의해 자 극받았음에도 불구하고, 바로 그 혁명이 새로운 민족주의를 만들어 내고, 새로운 우상인 민족국가를 만들어 내기 시작했 다는 것은 역사의 아이러니 중 하나이다. 민족국가 안에서 민족주의는 강력한 경제적 이익을 대변하는 산업혁명과 결 합되었다. 무력과 민족주의적 감정은 그 민족국가 내에 존재 하는 강력한 경제적 이익을 실현하기 위해 이용되었다.

프랑스 혁명과 독일·프랑스 전쟁에서 시작된 이 민족주의는 1871년 독일 통일 이후 독일 전역으로 확산되었다. 우리는 민족주의가 이후의 독일은 물론 스탈린 시대의 러시아와 오늘날의 러시아인 소련에서도 더욱 만연한 것을 본다. 두 차례의 세계 대전에서 민족주의는 그 무시무시한 모습을 드러냈으며, 3차 세계 대전, 그것도 핵전쟁의 원인이 될 수 있다는 점에서 똑같은 공포를 자아낸다.

나는 여러분에게 한 사람의 글을 읽어 주고 싶다. 그는 개인적인 삶을 통해 휴머니즘에서 민족주의로의 변화를 대표했으며, 이를 가장 섬세한 방식으로 표현한 사람이다. 그는 벨기에 시인 **에밀 베르하렌**으로, 1914년 이전에는 평화주의자·휴머니스트·사회주의자였지만, 다른 많은 사람들처럼 전쟁의 영향으로 변했다. 그는 자신에게 헌정한 책에서 다음과 같은 구절을 썼다.

> 이 책에는 증오가 숨김없이 드러나 있는데, 저자는 한때 평화주의자였다. 그에게 이보다 더 크고 갑작스러운 환멸은 없었다. 그 충격은 너무나 강렬해서 자신이 더 이상 예전의 자신이 아니라고 생각했지만, 동시에 증오 속에서 양심이 무뎌진 것 같았다. 그는 감정에 북받쳐 이 책을 과거의 자신에게 바친다.

이것은 아마도 한 개인에게 일어난 변화를 가장 명확히 보여주는 표현일 것이며, 실제로는 18세기 휴머니즘과 19세기와 20세기 민족주의 사이의 문화와 사회적 분위기의 변화를 볼 수 있는 사례이기도 하다.

18세기 휴머니즘이 19세기에 가장 중요하게 표현된 형태는, 다양한 유형의 사회주의 사상에서 찾을 수 있다. 그중에서도 아마 가장 분명한 예는 칼 맑스의 사상일 것이다. 이는 여러분에게 다소 놀랍게 들릴지도 모른다. 왜냐하면 여러분 대부분은 맑스가 유물론자였고, 인간의 주된 동기를 물질적이라고 보았다는 이야기를 들어왔을 것이기 때문이다. 실제로 맑스는 자주 인용되지만 제대로 이해되는 경우는 드물다. 성서 역시 마찬가지다. 유감스럽게도 인간 개념에 대한 맑스의 가장 중요한 텍스트, 즉 그의 가장 중요한 철학적 저서는 불과 1년 전까지 영어로 번역조차 되지 않았다. 그러나 맑스의 저서를 읽지 않더라도, 그의 철학이 스피노자·헤겔·괴테의 사상을 그대로 계승한 것이며, 소련이 자신들의 것이라고 주장하는 이른바 "맑스주의"가 맑스와 맺는 관계는, 이를테면 르네상스 시대의 교황들이 그리스도의 가르침과 맺는 관계만큼이나 미미하다는 점을 이해할 수 있다.

나는 적어도 내가 하는 말이 덜 황당하게 들리도록 한두 개의 인용문을 읽어 주고자 한다. 맑스가 인간을 위한 목표로 삼은 것은 스피노자나 괴테와 마찬가지로 바로 독립된 인간, 자유로운 인간이었다.

> 어떤 존재도 자신이 자신의 주인이 되지 않으면 자신을 독립적이라고 여기지 않으며, 오직 자신의 존재를 자신에게 빚지고 있을 때에만 자신의 주인이 된다. 타인의 호의에 의존하여 사는 사람은 자신을 종속적인 존재로 여긴다.(칼 맑스, 『경제학·철학 수고』, E. 프롬, 『맑스의 인간 개념』, 138쪽 인용.)

인간은 오직 "자신의 다양한 존재를 포괄적 방식으로, 따라서 온전한 인간으로서 자신의 것으로 만드는" 경우에만 독립적이다. 이 "온전한 인간" 개념은 르네상스 시대부터 스피노자·라이프니츠·괴테를 거쳐 맑스에 이어져 왔다. 더 나아가,

> 인간이 세상과 맺는 모든 관계, 즉 보기, 듣기, 냄새 맡기, 맛보기, 만지기, 생각하기, 관찰하기, 욕망하기, 행동하기, 사랑하기, 다시 말해 인간이라는 개체의 모든 기관은 … 인간 현실의 전유물이다. … 사유재산은 우리를 너무나 어리석고 편협하게 만들어, 어떤 물건이 우리의 것이 되는 것은 오직 우리가

그것을 소유할 때, 그것이 우리에게 자본으로 존재할 때, 혹은
직접 먹거나, 마시거나, 입거나, 거주하는 등 어떤 방식으로든
활용될 때뿐이다. … 이처럼 모든 신체적·지적 감각은 이 모
든 감각들의 단순한 소외, 즉 소유욕이라는 감각으로 대체되
었다. 인간은 내면의 모든 풍요로움을 낳기 위해 이러한 절대
적 빈곤으로 전락해야만 했다.(같은 책, 131~132쪽)

맑스의 또 다른 언급은 모든 휴머니즘 사고의 특징을 잘 보여
주고 있다. 이 언급은 인간을 수동적인 존재와 대비되는 능동
적인 존재로 이해하는 관점과 관련되어 있으며, 특히 사랑의
문제를 다룬다. 스피노자에게서와 마찬가지로 맑스에게도,
문제는 우리 대부분이 그런 것처럼 "사랑받는 것"이 아니며,
"누군가 우리를 어떻게 사랑하는가?"라는 근본적인 질문도
아니다. 문제는 우리가 사랑할 수 있는 능력, 그리고 능동적
속성으로서 사랑의 질이다.

만약 당신이 되돌려 받을 사랑을 불러일으키지 못한 채 사랑
한다면, 즉 자신을 사랑하는 사람으로 드러냄으로써 사랑받는
사람이 되지 못한다면, 당신의 사랑은 무력하며, 하나의 불행
이다.(같은 책, 168쪽)

3. 오늘날 휴머니즘의 중요성

이제 우리 자신에게 중요한 휴머니즘의 두 가지 측면을 논의하고자 한다.

인간의 '본질'은 존재하는가?

하나는 과학적 측면이다. 즉 인간의 '본질'이라는 것이 존재하는가? 하는 질문이다. 18세기에는 인간의 본질에 대해 상당히 낙관적이었다. 당시의 지배적인 관념은 인간은 이성적이고 선하며, 선한 방향으로 쉽게 인도되거나 영향을 받을 수 있다는 것이었다. 오늘날 라인홀드 니부어Reinhold Niebuhr 같은 사람들은 인간의 선함에 대한 그러한 순진한 믿음은 죄악시되어야 한다고 주장한다. 하지만 나는 그러한 훈계가 필요하다고 생각하지 않는다. 우리가 살아왔고 지금도 살고 있는 시대는 인간의 비이성적이고 심지어 광기까지도 충분히 보여주기 때문에 인간이 얼마나 악해질 수 있는지에 대해 굳이 다시 상기시킬 필요가 없다. 인간에 대한 과학이 밝혀내야 할, 내가 보기에 본질적인 질문은 바로 이것이다. 인간의 본질은 무엇인가? 객관적으로 '인간적인 것'으로 설명될 수 있는 것은 무엇인가?

내 저서 『정상적인 사회』(1955)에서 나는 이 문제를 논의하려고 했다. 여기서 내가 강조하고 싶은 것은 인간의 본질은 실체가 아니라는 점, 즉 인간이 선하거나 악한 것이 아니라 역사를 통틀어 변하지 않는 본질이 있다는 점이다. 인간의 본질은 별자리constellation, 즉 상대적 배열 또는 하이데거가 말하는 구성構成, 곧 기본적인 구성이다. 내가 보기에 이 구성은 바로 실존적 이분법, 또는 좀 덜 기술적인 언어로 말하자면, 자연에 속한 하나의 동물로서의 인간과 자연 속에서 유일하게 자기 자신을 의식하는 존재로서의 인간 사이의 존재하는 모순 중 하나이다. 따라서 인간은 자신의 분리감·상실감·나약함을 의식할 수 있다. 그러므로 인간은 자연은 물론 동료 인간과의 새로운 결합 방식을 찾아야 한다. 인간은 역사적으로, 개별적으로 태어난 존재이고, 자신이 세계로부터 분리되어 있다는 사실을 인식하게 되면, 그 분리됨을 극복하고 다시 결합에 이르는 어떤 방식을 발견하지 못할 경우 광기에 빠져 버릴 것이다. 나는 이것이야말로 인간에게서 가장 강렬한 열정이라고 확신한다. 즉 완전한 분리감에 대한 경험을 피하고 그것을 극복하여 새로운 결합을 찾고자 하는 열정 말이다.

종교의 역사, 그리고 인류의 역사(개인의 역사도 마찬가지)는 분리감을 극복하고 결합을 이루는 두 가지 방식이 존재한다는 것을 보여 준다. 그중 하나는 모든 원시 종교에서 발견되는 방식으로, 자연으로 되돌아가 인간을 마치 인간 이전의 동물 상태로 되돌리고, 인간 특유의 이성과 의식을 제거하는 길이다.

이러한 제거는 온갖 방식으로 이루어진다. 즉, 약물에 의해서, 난교에 의해서, 혹은 단순히 동물과 동일시함으로써, 즉 스스로를 동물의 상태, 특히 곰·사자·늑대와 같은 상태로 만드는 것이다. 다시 말해, 이것은 인간이기를 멈추고, 인간이 자연의 일부이며 동물이 될 수 있는 자연 상태로 퇴행함으로써 분리감을 극복하려는 시도이다. 그러나 성서가 상징적으로 표현하듯이, 아담과 이브가 낙원─즉 인간이 아직 인간으로 태어나지 않았던, 자연과 하나가 된 상태─을 떠나는 순간, 불타는 칼을 든 두 천사가 입구를 지키고 있어, 인간은 다시는 그곳으로 돌아갈 수 없다.

인류가 분리감을 극복하고 결합에 이르는 또 다른 해결책은 기원전 1,500년에서 기원전 500년 사이에 중국·인도·이집트·팔레스타인·그리스에서 발견된 것으로 보인다. 인간은 퇴행함으로써가 아니라 세상을 자기 안식처로 삼을 만큼 이성과 사랑이라는 인간 고유의 능력을 발전시킴으로써 하나됨을 찾아냈다. 온전한 인간이 됨으로써 인간은 자신과 동료 인간들, 심지어 자연과도 새로운 조화를 이루며 살았다.

이것이 바로 예언자적 메시아주의 사상이었고, 중세 말기의 종교 사상의 핵심이었으며, 또한 18세기 휴머니즘 사상이기도 했다. 사실 이것은 오늘날까지도 서구 전통의 종교적·영적 사유의 본질로 남아 있다. 즉 인간의 과제란 자신의 인간성을 발전시키는 것이며, 이 인간성의 발전 속에서 인간은 새로운 조화를 발견하고, 그럼으로써 비로소 '태어났다는 문제', 다시 말해 인간으로 존재하게 된 문제를 해결할 수 있는 유일한 길을 찾게 된다는 것이다.

태어났다는 사실과 함께, 우리는 모두 하나의 질문을 받게 되며, 그에 대한 답을 해야 한다. 그 답은 마음이나 두뇌로 하는 것이 아니라, 매 순간 우리의 전인적 존재whole person로서 하는 답이다. 실제로 가능한 답은 두 가지뿐이다. 하나는 퇴행하는 것이고, 다른 하나는 인간성을 발전시키는 것이다. 그러나 많은 사람들, 아마 오늘날에는 **대다수**의 사람들이, 이 질문에 답하는 것을 피하려 하며, 오락이든 기분 전환이든 여가 시간이든 무엇이라 부르든 간에 온갖 인간적인 활동들로 시간을 채운다. 그러나 나는 결국 이러한 해결책은 해결책이 아님이 드러난다고 믿는다. 이 길을 선택한 사람들은 모두 지루하고 우울해져 있으며, 다만 그 사실을 스스로 의식하지 못할 뿐이다.

나는 인간의 기본적 구성을 실체의 개념이 아니라 별자리, 즉 상대적 배열의 개념으로 사유할 수 있다는 나 자신의 생각을 간략하게 언급했다. 물론 이 주제를 자세히 다루려면 여러 시간이 필요할 것이고, 지금 그런 시도를 할 생각도 없다. 여기서는 다만 한 가지 생각만 덧붙이고 싶다. 인간의 본질은 오직 인간의 하나됨에 대한 경험이 다시 살아 숨 쉬는 사람들, 그리고 그러한 경험이 살아 숨 쉬는 시대에만 중요해질 것이다. 오늘날에는 그러한 경험이 살아 있지 않다.

그렇다면 휴머니즘에 대한 경험이란 무엇일까? 앞서 살펴본 내용을 통해 나는 휴머니즘에 대한 경험이란 테렌스가 표현 했듯이 "인간적인 것은 무엇이든 내게 낯설지 않다"는 것, 즉 내 안에 모든 인간성을 품고 있다는 것, 똑같은 사람은 단 한 명도 없다는 사실에도 불구하고 우리 모두가 같은 실체, 같은 특성을 공유한다는 역설이 존재한다는 것, 어떤 인간에게 존 재하는 것은 무엇이든 내게도 존재한다는 것을 보여 주고자 했다. 나는 범죄자이자 성인聖人이다. 나는 아이이자 어른이 다. 나는 십만 년 전에 살았던 사람이고, 인류가 멸망하지 않 는 한 앞으로 십만 년 후에도 살게 될 사람이다.

무의식은 보편적 인간이다

이 명제는 일반적으로 연결되지 않는 현상, 즉 무의식이라는 현상과 매우 중요하게 연관되어 있다. 프로이트는 무의식을 처음 발견한 사람은 아니지만, 무의식을 체계적으로 탐구한 최초의 인물임은 분명하다. 그럼에도 불구하고 그의 무의식 개념은 여전히 매우 제한적이었다. 그는 근친상간 욕망이나 살인 욕망과 같은 특정한 본능적 욕망이 억압된다고 생각했 다. 물론 그런 욕망들은 억압된다. 하지만 문제는 더 포괄적 이다.

우리의 의식이란 진정 무엇일까? 우리의 의식은 우리가 속한 사회가 우리에게 인식하도록 허용하는 모든 인간적인 경험이다. 일반적으로, 아주 사소한 개인적 차이를 제외하면, 우리는 언어, 논리, 그리고 사회의 금기가 허용하는 것만을 인식한다. 일종의 '사회적 필터'가 있다고 할 수 있는데, 그 사회적 필터를 통과할 수 있는 경험만이 우리가 인식하는 것, 즉 우리의 의식이 된다.

그렇다면 우리의 무의식이란 무엇일까? 우리의 무의식은 인류 그 자체이다. 무의식은 보편적 인간이다. 우리의 무의식은 인간적인 모든 것, 즉 선과 악, 그리고 모든 사람에게 존재하는 모든 것이다. 다만 의식적인 부분, 즉 우리가 우연히 던져진 문화의 경험·사고·감정을 나타내는 작은 영역을 제외하면 그러하다.

우리의 무의식은 총체적 인간이다. 따라서 우리의 무의식과 접촉하는 것의 중요한 의미는 우리의 근친상간적 욕망이나 이런저런 것들을 발견하는 데 있는 것이 아니다(물론 때때로 중요하지 않을 수도 있다). 우리의 무의식과 접촉할 수 있는 가능성에 대한 프로이트의 발견이 가지는 진정한 의미는 바로 우리가 그것과 접촉할 수 있다면, 우리는 인간성과 접촉하게 되고, 우리 안의 총체적 인간과 접촉하게 되며, 그렇게 되면 더 이상 낯선 존재가 없다는 것이다. 또한, 우리 자신을 타인보다 우월하다고 여기면서 다른 사람을 판단하는 일도 더 이상 하지 않게 된다.

우리가 무의식과 접촉하게 되면, 우리는 다른 모든 사람을 경험하는 것처럼 우리 자신을 경험하게 된다. 확실히, 우리는 우리가 속한 특정 집단이나 문화에서 표현되는 것만을 인식하는 내면의 분리감을 극복하고, 모든 인류와 공유하는 것과 접촉하게 된다.

민족주의와 부족주의는 정반대이다. 그런 것들에서는 인간성과 접촉하지 못한다. 우리는 인류의 한 부문과 접촉할 뿐이며, 아주 단순한 작업을 수행한다. 즉 우리 안의 모든 악을 이방인에게 투사한다. 그 결과, 그는 악마가 되고 우리는 천사가 된다. 이것이 모든 전쟁에서 경험하는 일이고, 개인적인 삶에서 보면 사람들 간의 갈등에서도 경험하는 일이며, 냉전 시기 양측 모두에서 우리가 경험했던 것이다. 나는 오늘날 인간이 휴머니즘의 갱신, 즉 우리 서구 문화의 정신적 기반인 휴머니즘의 토대를 진지하게 재정립할 것인지, 아니면 미래가 전혀 없는 상태로 나아갈 것이지 중에서 하나를 선택해야 한다고 생각한다.

내가 괴테가 한 말을 다시 한번 더 인용할 수 있다면, 다음과 같이 그의 문구를 인용하고자 한다.

> 역사적 시대들 사이에는 단 하나의 중요한 차이점이 있는데, 그것은 바로 믿음이 있는 시대와 믿음이 없는 시대 사이의 차이다. 믿음이 있는 자들은 번성하고 살아남지만, 믿음이 없는 자들은 쇠퇴하고 결국 사라지게 된다. (괴테, 『동서양 시집』, 1952, 123쪽 이하)

13세기와 18세기는 의심할 여지 없이 믿음의 시대였다. 하지만 나는 우리 서구 사회가 믿음이 크게 결여된 시대를 살고 있는 것을 유감으로 생각한다. 실제로 서구 세계, 특히 미국에서 점점 더 만연해지고 있는 증오라는 것은 사람들이 사랑하지 않는다는 것, 사실상 그들이 무엇을 위해 사는지 모른다는 것을 나타내는 표현일 뿐이다. 분명히 증오는 도덕적 절망과 도덕적 패배주의의 표현이다. 만약 누군가 전쟁을 통해 문화를 지키려고 해야 한다면, 오늘날의 상황에서는 자신의 가치는 물론 생명조차 지킬 수 없을 것이다.

나는 우리가 그리스-로마, 유대-기독교 전통에 뿌리를 둔 휴
머니즘이라는 전통의 뿌리를 새롭게 할 수 있을지 여부를 선
택할 수 있는 기회가 아직 남아 있다고 생각한다. 우리가 늘
이야기하는 이러한 가치들을 진지하게 받아들인다면, 우리
문화에 새로운 활력이 찾아오고, 우리에게 미래가 있을지도
모른다. 하지만 우리가 그 뿌리를 새롭게 하지 못한다면, 우
리가 무슨 말을 하든, 어떤 무기를 사용하든 간에, "가장 약한
것"은 살아남지 못할 것이다. 나는 우리가 근본적으로 중대한
결정에 직면해 있다고 생각한다. 이 점은 구약성서에 매우 아
름답게 표현되어 있다. "내가 오늘 너희 앞에 생명과 죽음, 은
총과 저주를 두었으니 너희는 생명을 택하라"(신명기 30장 19절).
나는 하나의 세계로 나아가는 오늘날 인간이 선택해야 할 것
은 바로 생명, 즉 휴머니즘에 대한 새로운 경험이라고 생각한
다. 만약 인간이 그것을 선택하지 못한다면, 인간은 유감스럽
게도 새로운 "하나의 세계"를 제대로 관리하지 못할 것이라고
생각한다.

휴머니스트 신조

– 나는 인간이 다른 생명체와는 달리 하나로 결합하는 이유
  가, 인간이 자기 자신에 대해 의식하는 생명체이기 때문이

라고 믿는다. 인간은 자기 자신을 의식하고, 자신의 미래, 곧 죽음을 의식하며, 자신의 왜소함과 무력함을 의식한다. 그는 타인을 타자로서 인식하며, 자연 속에 존재하면서도 사유를 통해 자연을 초월하더라도 여전히 자연의 법칙에 종속된 존재이다.

- 나는 인간이 자연 진화의 산물이며, 자연 안에 있으면서도 자연으로부터 분리되어 갇혀 있는 존재로서의 갈등, 그리고 자연과의 결합과 조화를 다시 찾으려는 욕구 속에서 태어났다고 믿는다.

- 나는 인간의 본성이 인간 존재의 조건에 뿌리를 둔 모순이며, 이 모순은 해결책을 모색하도록 요구하며, 그 해결책은 다시 새로운 모순을 낳고 이제는 해답을 찾아야 할 필요성을 요구하고 있다고 믿는다.

- 나는 이러한 모순들에 대한 모든 해답이 인간이 분리감을 극복하고 일치감·일체감·소속감을 얻는 것을 돕는 조건을 실제로 충족시킬 수 있다고 믿는다.

- 나는 이러한 모순들에 대한 모든 해답에서 인간은 오직 앞

으로 나아갈 것인가, 뒤로 물러날 것인가 사이에서만 선택할 수 있다고 믿는다. 이 선택은 구체적인 행위로 전환되며, 우리 안에 있는 인간성이 퇴행할 것인가 진보할 것인가를 가르는 수단이 된다.

- 나는 인간에게 있어 근본적인 대안은 "삶"과 "죽음", 창조성과 파괴적 폭력, 현실과 환상, 객관성과 불관용, 형제애·독립성과 지배·복종 사이의 선택이라고 믿는다.

- 나는 "삶"이라는 것에는 끊임없는 탄생과 지속적인 발전이라는 의미가 담겨 있다고 믿는다.

- 나는 "죽음"이라는 것에는 성장의 중단, 끝없는 반복의 의미가 담겨 있다고 믿는다.

- 나는 인간이 퇴행적 해답을 선택할 때, 고독과 불확실성이라는 견딜 수 없는 공포로부터 벗어나기 위해 통일을 찾으려 하며, 그 과정에서 인간을 인간답게 만드는 것을 왜곡하거나 제거한다고 믿는다. 이러한 퇴행적 지향은 단독으로 혹은 결합된 형태로 세 가지로 나타난다. 네크로필리아, 나르시시즘, 근친상간적 공생이다.

- **네크로필리아**란 폭력과 파괴적인 모든 것에 대한 사랑, 살
해 욕망, 힘에 대한 숭배, 죽음 자살·가학성에 대한 매혹,
그리고 '질서'를 통해 유기적인 것을 무기적인 것으로 바꾸
려는 욕망을 의미한다. 창조에 필요한 자질이 결여된 네크
로필은 자신의 무력함 속에서 파괴를 쉽게 여기는데, 그에
게 파괴는 오직 하나의 가치인 힘만을 제공하기 때문이다.

- **나르시시즘**이란 외부 세계에 대한 진정한 관심을 상실하
고, 대신 자기 자신, 자기 집단, 씨족, 종교, 민족, 인종 등에
대한 강렬한 집착에 빠지는 것을 의미하며, 그 결과 합리적
판단의 심각한 왜곡이 초래된다. 일반적으로 나르시시즘적
만족에 대한 욕구는 물질적·문화적 빈곤을 보상하려는 필
요에서 비롯된다.

- **근친상간적 공생**이란 어머니 및 그녀의 등가물인 혈연·가
족·부족에 묶여 있으려는 경향을 의미한다. 이는 책임·자
유·의식의 무게로부터 도피하려는 시도이며, 그 대가로 개
인은 확실한 의존 상태에서 보호와 사랑을 받지만, 자신의
인간적 성장은 정지된다.

- 나는 진보를 선택하는 인간은 자신의 모든 인간적 힘을 완

전히 발전시킴으로써 새로운 결합에 도달할 수 있다고 믿는다. 이러한 힘은 세 가지 지향으로 나타나며, 각각 또는 함께 존재할 수 있다. 바이오필리아, 인류와 자연에 대한 사랑, 독립성과 자유이다.

- 나는 사랑이 인간의 '성장'으로 가는 문을 여는 핵심 열쇠라고 믿는다. 사랑은 자기 자신을 넘어선 타인이나 사물과의 결합이며, 자기 동일성과 독립성을 해치지 않으면서 타인과 관계 맺고 하나가 되게 한다. 사랑은 생산적 지향이며, 그 본질에는 관심·책임·존중, 그리고 대상에 대한 인식이 동시에 존재해야 한다.

- 나는 사랑의 경험이 인간에게 주어진 가장 인간적이며 인간을 인간답게 만드는 행위라고 믿으며, 이성처럼 부분적으로만 이해될 수 없는 것이라고 믿는다.

- 나는 "~로부터의 자유liberty from"가 "~을 향한 자유liberty to"를 가능하게 하는 전제 조건이라고 믿는다. 즉 창조하고, 만들고, 알고자 하며, 자유롭고 능동적이며 책임 있는 개인이 되기 위한 조건이다.

- 나는 자유란 비이성적 열정의 목소리에 맞서 이성과 지식의
  목소리를 따를 수 있는 능력이라고 믿는다. 자유는 인간을
  해방시키며, 그를 자신의 이성적 능력을 사용하고 세계와
  자기 자신의 위치를 객관적으로 이해하는 길로 이끈다.

- 나는 '자유를 위한 투쟁'이 일반적으로, 개인의 의지를 꺾으
  면서 강요되는 권위에 맞서 싸우는 것만을 의미해 왔다고
  믿는다. 오늘날 '자유를 위한 투쟁'은 우리 각자와 공동체가
  '자발적으로' 복종해 온 권위로부터 우리 자신을 해방시키는
  것을 의미해야 한다. 즉 자유를 견디지 못하게 만드는 내적
  힘으로부터 우리 자신을 해방시키는 것을 의미해야 한다.

- 나는 **자유**가 '우리가 가지고 있거나' 또는 '가지지 있지 않
  은' 고정된 속성이 아니라고 믿는다. 오직 선택의 과정 속
  에서 스스로를 해방시키는 행위만이 현실이다. 인간의 성
  숙을 심화시키는 삶의 모든 단계는 자유로운 선택을 할 수
  있는 능력을 심화시킨다.

- 나는 '선택의 자유'가 모든 인간에게 항상 동일하지 않다고
  믿는다. 네크로필적 지향, 나르시시즘, 혹은 근친상간적 공
  생에 사로잡힌 인간은 오직 퇴행적 선택만을 할 수 있다.

비이성적 유대에서 해방된 자유인은 더 이상 퇴행적 선택을
할 수 없다.

- 나는 선택의 자유 문제는 상반된 지향을 지닌 인간에게서
만 발생하며, 이 자유 또한 무의식적 욕망과 안일한 합리화
에 의해 강하게 제약된다고 믿는다.

- 나는 누구도 타인을 대신하여 선택함으로써 그를 '구원'할
수 없다고 믿는다. 도울 수 있는 길은 진실성과 사랑으로
가능한 대안을 제시하는 것뿐이며, 감상주의나 환상에 빠지
지 않는 것이다. 해방적 대안에 대한 인식은 개인 안에 잠
재된 모든 에너지를 다시 깨우고, '죽음'이 아닌 '삶'을 선택
하는 길로 이끈다.

- 나는 평등이란 자기 자신을 완전히 발견할 때, 타인과 자신
이 동등함을 인식하고 그들과 자신을 동일시할 때 느껴진
다고 믿는다. 모든 개인은 자기 안에 모든 인간성을 지니고
있으며, '인간으로서의 조건'은 지능·재능·키·피부색 등의
차이에도 불구하고 모든 인간에게 고유하며 동등하다.

- 나는 특히 어떤 인간이 다른 인간의 도구가 되는 것을 막기

위해 인간 사이의 **평등**이 항상 기억되어야 한다고 믿는다.

- 나는 **형제애**란 동료 인간을 향한 사랑이라고 믿는다. 그러나 '형제'를 객관적으로 판단하는 것을 방해하는 모든 '근친상간적' 유대가 제거되지 않는 한, 형제애는 의미 없는 말로 남을 것이다.

- 나는 개인이 자기 사회를 초월하여 그것이 인간 잠재성의 발전을 촉진하는지 방해하는지를 보지 못한다면, 자신의 인간성과 친밀한 접촉에 이를 수 없다고 믿는다. 금기, 제약, 왜곡된 가치들이 그에게 '자연스러운 것'처럼 보인다면, 이는 인간의 본성에 대한 참된 지식을 갖지 못했다는 분명한 징후이다.

- 나는 사회가 자극과 억제를 동시에 수행하면서도 언제나 인간성과 갈등해 왔다고 믿는다. 사회의 목적이 인간성의 목적과 동일시될 때에만, 사회는 인간을 마비시키는 것을 멈추고 지배를 조장하지 않게 된다.

- 나는 인간이 동료 인간을 사랑하고, 일하고, 창조하며, 이성과 객관성을 발전시키고, 자신의 생산적 에너지를 경험

하는 데 기반한 자신감을 갖도록 촉진하는 정상적인 사회를 희망해야 하며, 또 희망할 수 있다고 믿는다.

- 나는 우리가 사랑하고 창조할 수 있는 능력, 피와 땅에 얽매인 속박에서 벗어난 인간, 자신의 능력의 주체이자 행위자로서 스스로를 경험하는 데 기반한 정체성, 그리고 내면과 외부의 현실에 영향을 미치고 객관성과 이성을 발전시킬 수 있는 능력을 특징으로 하는 정신 건강을 집단적으로 되찾을 수 있고 또 반드시 되찾아야 한다고 믿는다.

- 나는 이 세계가 점점 광기와 비인간화로 나아갈수록, 더 많은 개인들이 같은 염려를 공유하는 사람들과 연대하고 함께 일해야 할 필요를 느끼게 될 것이라고 믿는다.

- 나는 선의를 지닌 사람들이 세계에 대한 인간적인 해석에 도달하는 데 그쳐서는 안 되며, 가능한 변화를 지적하고 그 변화를 위해 일해야 한다고 믿는다. 변화에 대한 의지가 없는 해석은 무의미하며, 준비가 된 해석 없는 변화는 맹목적이다.

- 나는 인간이 비록 **가진 것**이 적더라도 인간이 훨씬 더 자신

의 잠재력을 발휘할 수 있는 세상, 소비가 삶의 지배적 동기가 아닌 세상, '인간'이 처음이자 마지막 목적이 되는 세상, 인간이 자신의 삶에 의미를 부여하는 방식과 환상 없이 자유롭게 살 수 있는 힘을 발견하는 세상이 실현 가능하다고 믿는다.

참고 문헌

괴테(1787), 타우리스의 이피게니아: 한 편의 연극, 라이프치히

괴테(1952), 동서양 시집, 베를린 독일 과학 아카데미(편집), 베를린

레더러(1961), 양의 나라, 뉴욕

로렌츠(1963), 소위 악: 공격성의 자연사를 위하여, 비인

록커(1937), 민족주의와 문화, 로스앤젤레스

맑스(1932), 메가: 칼 맑스와 프리드리히 엥엘스, 역사 - 비판적 전집판, 베를린

맑스(1968), 1844년 경제학·철학 수고, 맑스·엥엘스 전집, 증보판 1권, 베를린, 465~588쪽

멈포드(1967), 기계의 신화: 기계와 인간의 발전, 뉴욕

바호펜, 모계사회와 원시종교, 선집, 루돌프 맑스(편집). 슈투트가르트, 1954

베커, 18세기 철학자들의 신국, 뷔르츠부르크, 1946

소포클레스, 안티고네, W.H. 프리드리히(편집), 그리스의 비극, 331~354쪽

스키너(1953), 과학과 인간의 행동, 뉴욕

스키너(1971), 자유와 존엄을 넘어서, 뉴욕

에릭슨, 정체성과 생명주기, 뉴욕, 1959

오웰(1949), 1984, 뉴욕

카시러, 계몽주의 철학, 튀빙겐, 1932

코르트란트(1962), 야생의 침팬지, 사이언티픽 아메리칸, 1962년 5호, 128~138쪽

코르프(1958), 괴테 시대의 정신, 4권으로 편집, 라이프치히

코헨, 유대교에 뿌리 둔 이성의 종교, 프랑크푸르트, 1929

틴베르겐(1968), 동물과 인간의 전쟁과 평화에 관해, 사이언스, 1968, 1,411~1,418쪽

프로이트(1908b), 성격과 항문성애, 프로이트 전집 7권, 201~209쪽, 프랑크푸르트,
　　1960

프롬, 에리히 프롬 전집, 뮌헨, 1999; 전자책 전집, 뮌헨, 2016

프롬(1947), 자유로부터의 도피(영어본), 뉴욕, 1941

프롬(1941a), 자유로부터의 도피(독일어본), 전집 I권, 215~392쪽

프롬(1947), 자기를 위한 인간 : 윤리 심리학에 대한 탐구(영어본), 뉴욕, 1947

프롬(1947a), 자기를 위한 인간 : 윤리 심리학에 대한 탐구(독일어본), 전집 II권,
　　1~157쪽

프롬(1951), 잊혀진 언어: 꿈·동화·신화를 이해하기 위한 입문(영어본), 뉴욕,
　　1951

프롬(1951a), 잊혀진 언어: 꿈·동화·신화를 이해하기 위한 입문(독일어본), 전집
　　IX, 169~309쪽

프롬(1955), 정상적인 사회(영어본), 뉴욕, 1955

프롬(1955a), 정상적인 사회(독일어본), 전집 IX, 1~254쪽

프롬(1960), 정신분석과 선불교, 스즈키·프롬, 선불교와 정신분석(영어본), 뉴욕,
　　77~141쪽

프롬(1960a), 정신분석과 선불교(독일어본), 전집 XI, 301~358쪽

프롬(1961), 인간은 승리할 수 있을까?: 외교 정책의 사실과 허구에 대한 탐구(영
　　어본), 뉴욕

프롬(1961a), 중요한 건 인간이다!: 외교 정책의 사실과 허구에 대한 탐구(독일어본), 전집 V, 43~197쪽

프롬(1961b), 맑스의 인간관, T.B. 보토모어의 맑스 경제학·철학 수고 번역본 포함(영어본), 뉴욕

프롬(1961c), 맑스의 인간관, 칼 맑스 초기 저작의 가장 중요한 부분들(독일어본), 전집 V, 335~393쪽

프롬(1962a), 환상의 사슬을 넘어: 맑스와 프로이트의 만남(영어본), 뉴욕

프롬(1962), 환상의 저편(독일어본), 전집 IX, 37~155쪽

프롬(1964a), 인간의 마음: 선과 악에 대한 그 천재성(영어본), 뉴욕

프롬(1964), 인간의 마음: 선과 악에 대한 그 능력(독일어본), 전집 II, 159~268쪽

프롬(1968a), 희망의 혁명: 인간화된 기술을 향하여(영어본), 뉴욕

프롬(1968), 희망의 혁명: 기술의 인간화를 위해(독일어본), 전집 IX, 255~377쪽

프롬(1968b), 서문, 에리히 프롬과 라몬 시라우(편저), 인간의 본성: 에리히 프롬과 라몬 시라우가 선정, 편집 및 서문을 곁들인 읽을거리(영어본), 뉴욕

프롬(1968c), 서문, 프롬과 라몬 시라우(편저), 인간의 본성(독일어본), 전집 IX, 375~391쪽

프롬(1973), 인간의 파괴성 해부(영어본), 뉴욕

프롬(1973a), 인간의 파괴성 해부(독일어본), 전집 VII

프롬(1976), 소유냐 존재냐(영어본), 뉴욕

프롬(1976a), 소유냐 존재냐: 새로운 사회의 정신적 토대(독일어본), 전집 II, 269~414쪽

프롬(1979), 프로이트 사상의 위대성과 한계(영어본), 뉴욕

프롬(1979a), 지그문트 프로이트의 정신분석: 위대성과 한계(독일어본), 전집 VIII, 259~362쪽

헤어(1960), 제3의 세력, 프랑크푸르트

헤르더(1877), 인류의 역사 철학에 대한 사상(베른하르트 주판, 편집), 전집 13권

옮긴이의 말

이 책을 번역하는 일은 단순히 한 사회심리학자의 글을 우리 말로 옮기는 작업이 아니었다. 이미 오래전에 제기되었지만, 여전히 끝나지 않은 질문들, 그리고 오늘의 우리에게 더욱 절실해진 질문들을 다시 현재로 불러오는 과정이었다.

에리히 프롬의 글을 처음 접했을 때 가장 인상 깊었던 것은, 그의 사유가 특정 시대에 머물러 있지 않다는 점이었다. 그는 냉전과 핵 위기의 시대를 살았지만, 그가 던진 질문은 오늘날 우리가 마주한 현실과 놀라울 만큼 겹쳐 있다. 불안, 무력감, 소외, 그리고 방향 감각의 상실. 우리는 기술적으로는 그 어느 때보다 발전했지만, 인간으로서 어디에 서 있는지는 여전히, 아니 어쩌면 더 깊이 혼란스러워하고 있다.

이 책은 그러한 혼란 속에서 "우리는 아직 제정신인가?"라는 물음을 던진다. 이 질문은 단순한 수사가 아니라, 우리의 일상과 사고방식을 근본적으로 흔드는 질문이다. 우리는 너무도 자연스럽게 받아들이고 있는 것들—소비·경쟁·성공·효율—이 과연 건강한 것인지, 아니면 오히려 병리적인 상태인지 스스로 묻게 된다. 프롬이 말하는 '정상의 병리학'은 바로 이 지점에서 우리를 멈춰 세운다.

번역을 하며 가장 고민했던 부분은, 프롬의 사유가 지닌 이 긴장감을 어떻게 온전히 전달할 것인가였다. 그의 문장은 단순히 정보를 전달하지 않는다. 그것은 독자의 내면을 건드리고, 스스로 생각하게 만드는 힘을 지니고 있다. 따라서 문장을 부드럽게 다듬는 것보다, 때로는 그 낯섦과 질문의 결을 그대로 살리는 것이 더 중요하다고 판단했다. 독자가 편안하게 읽는 것보다, 잠시 멈추고 생각하게 만드는 것이 이 책에 더 어울리는 방식이라고 느꼈기 때문이다.

또 하나 인상 깊었던 점은, 프롬이 인간을 바라보는 태도였다. 그는 인간의 파괴성과 어두움을 누구보다 깊이 분석하지만, 동시에 인간의 가능성에 대한 신뢰를 끝까지 놓지 않는다. 그는 인간이 사회에 의해 규정되는 존재이지만, 동시에 그 관계를 바꿀 수 있는 존재라고 본다. 이 이중적인 시선 — 비판과 희망 — 이야말로 프롬 사상의 핵심이라고 생각한다.

오늘날 우리는 수많은 해답 속에 살고 있다. 무엇을 해야 하는지, 어떻게 살아야 하는지, 어떤 선택이 더 효율적인지에 대한 조언은 넘쳐 난다. 그러나 정작 질문은 사라지고 있다. 프롬이 우리에게 다시 상기시키는 것은, 인간다운 삶은 정답이 아니라 질문에서 시작된다는 점이다. 질문을 멈추는 순간, 우리는 타인의 기준과 시스템 속에서 살아가는 존재로 머물게 된다.

이 책의 표지와 각 부에는 전각 작품을 실었다. 돌에 흔적을 새기듯 감정과 사유를 새겨 온 돌소리 이혜정의 작업은, 프롬이 던지는 질문을 또 다른 방식으로 마주하게 한다. 언어로 따라가는 사유가 머무는 자리에 시각적으로 새겨진 흔적이 더해지면서, 우리는 그 질문을 다시 바라본다. 그것은 이해를 넘어 스스로 상상하게 만드는 하나의 계기가 된다.

이 책의 번역을 마치며, 나는 이 작업이 일종의 '되돌아보기'였다는 생각을 한다. 우리는 어디로 가고 있는가, 무엇을 잃어 가고 있는가, 그리고 인간다움이란 무엇인가. 이 질문들은 거창한 철학적 주제가 아니라, 우리의 삶을 구성하는 가장 일상적인 문제들이다.

프롬은 말한다. 인간은 단순히 생존하는 존재가 아니라, '살아 있음'을 경험하는 존재라고. 그렇다면 이 책은 결국 하나의 초대일지도 모른다. 더 많이 가지는 삶이 아니라, 더 깊이 느끼고 생각하는 삶으로 나아가라는 초대.

이 번역이 독자들에게 또 다른 질문의 출발점이 되길 바란다. 그리고 그 질문들이 각자의 삶 속에서 하나의 작은 흔적, 혹은 '새김'으로 남기를 기대한다.

편집본의 원문은 독일어와 영어로 이루어져 있음을 밝힌다. 마르크스는 맑스로, 엥겔스는 엥엘스로 독일어 본 발음으로 번역했음도 일러둔다.

2026년 3월 26일

일산에서

옮긴이

위기의 휴머니즘

2026년 4월 20일 초판 1쇄 인쇄
2026년 4월 25일 초판 1쇄 발행

지은이 에리히 프롬
엮은이 라이너 풍크
옮긴이 황선길
펴낸이 류현석

펴낸곳 21세기문화원
등 록 2000.3.9 제2000-000018호
주 소 서울 성북구 북악산로1가길 10
전 화 923-8611
팩 스 923-8622
이메일 21_book@naver.com
ISBN 979-11-92533-38-4 03180

값 20,000원